JN119473

果樹の種類	品種	肥料	剪定	摘果
ブドウ	マスッカトベリーA 	1月24日	1月14日	
			2月10日	
	ブドウ一般作業工程	12月下旬～2月下旬	1月中旬～2月中旬	粒揃7月中
モモ	日川白鳳 	2月23日	11月22日～30日	4月28日
			12月2日、12月5日	
	モモ一般作業工程	12月下旬～2月下旬	11月下旬から12月下旬	4月中旬～5月下旬
リンゴ	フジ 	1月27日	12月15日	5月1日
		1月4日		
	リンゴ一般作業工程	12月下旬～2月下旬	12月中旬から1月下旬	5月中
ナシ	幸水 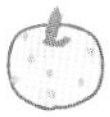	1月27日	12月15日	5月16日
	ナシ一般作業工程	12月下旬～2月下旬	12月中旬から1月下旬	5月中

瀬野農園ではブドウの品種にはマスッカトベリーAの他藤稔、瀬戸ジャイアンツの栽培をしています。作業工程は異なります。モモの品種には日川白鳳の他よしひめ、武井白鳳、清水白桃、瀬戸内白桃、あきぞらを栽培しています。ナシの品種には幸水の他に百枝月を栽培しています。リンゴの品種にはフジの他につがるを栽培しています。

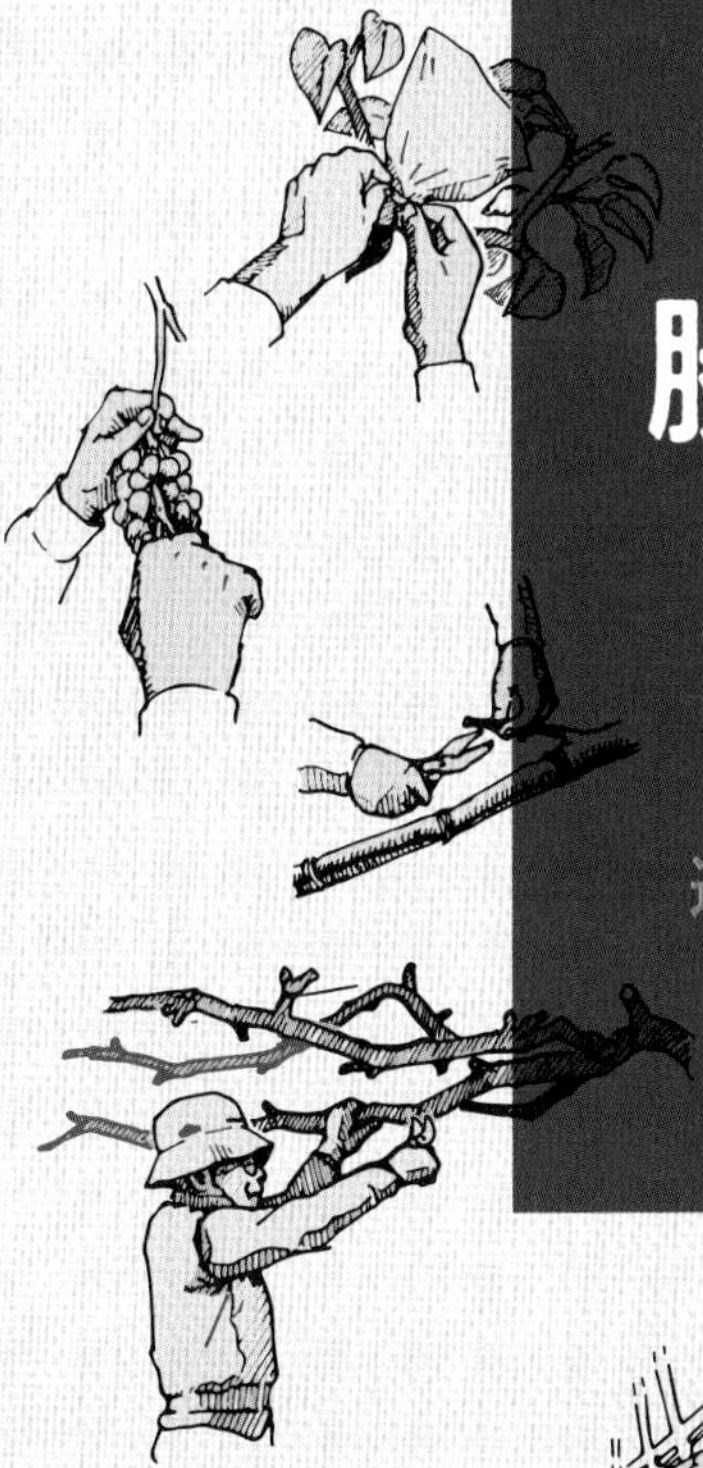

勝三郎の果樹園日記

遊び 学び 育てる

中村勝三郎

はじめに

「果樹の撫育《ぶいく》をしながら死にたい」

77歳にもなると自分が死ぬ時のことを嫌でも想像してしまうものです。

少し前にピンピンコロリという言葉が流行りましたが、どうせなら自分の好きなことをしている時にあの世に行ければ、これ以上の人生はないと思っています。

定年を機に果樹園を本格的に始め15年が経ち、多くの人たちが果樹園に足を運び、収穫の喜び、果樹育ての楽しさを体験してくれています。

その人達の中には、まるで自分の果樹園のように夢中になりながら手伝ってくれる友人知人がたくさんおり、わが農園は毎年、笑顔の実りが絶えることがありません。

そんな誰しも夢中になれる果樹育てを通して、一人でも多くの人達が余生としてではなく、人生最高の時間を過ごして欲しいと思っています。

農作業でなぜここまで夢中になれるのか。77歳にもなってほぼ毎日元気に果樹園に通えるのか。不思議に思われることもあります。

それは、「遊び感覚でできる」からです。

この「遊び感覚でできる」ということが、果樹栽培の最大の魅力ですが、その理由は7つあげられます。

①重労働が少ない

畑や田んぼの農作業のような腰をかがめて行う作業が極端に少なく、収穫前後の作業も立ったままの状態でできます。

②小さな庭でもできる

広い土地がなくても半径1～2mぐらいの場所があれば、好きな果樹を植えて育てることができます。

③一度植え付けたら30年以上収穫が楽しめる

ほとんどの果樹は樹齢が長く、病害虫などの管理をしっかり行えば枯れることなく毎年実をつける状態の期間が30年ぐらいは続きます。

④人にあげると大変喜ばれる

買えば高いものをいただいた時の喜びは、だれにでもあるでしょう。キャベツやダイコンをもらった時の喜びとは、明らかに違います。また果物だけが持つ酸味や甘さは、他の

食べ物にはない魅力です。

⑤市場価値の高い果物ができる

④と近いですが、ブドウでも市場価値の高いシャインマスカットやモモでもなんでもが、自分で作れるというのも魅力です。買えば5～7000円するような果物でも、ちょっとした努力と工夫で、何年間も収穫を楽しむことができます。

⑥四季を楽しむことができる

寒風や雪に耐え忍ぶ冬の樹姿。樹々が芽吹き、美しい花が咲き誇る春。強い日差しの下、勢いよく繁る緑の影を楽しむ夏。たわわに実り輝く果実を愛でる秋。

心を込めて育てる果樹は、日本の美しい四季を感じさせてくれる最高のパートナーであることを実感します。

⑦健康的な暮らしが送れる

果樹の手入れのために外に出て適度に動き回り、あれこれ手を動かすことは、高齢者にとってはちょうどよい運動になります。自然を観察することは頭と心に良い刺激となりま

す。
実った果物を家族や孫、友人、ご近所さんへおすそ分けをすることで、人との会話も弾みボケ防止にもなります。
果樹を育て果物を実らせるだけで、これだけ多くのことが自分に返ってくるということをぜひ皆さんにも実感していただければと思います。

【本書について】

広島市安芸区の休耕田3000㎡に棚田の地形を活かした果樹栽培を1年間の日記という形で紹介しました。実際の作業が1年の流れでわかり、果樹栽培を通して収穫から販売、農園でのイベントなど、すべてをお伝えしています。また、庭先に果樹を一本からでも育てられるイラストを使った解説ページもあり、初心者でも楽しめる一冊となっています。

私の農園（瀬野農園）では、現在、モモ35本、ブドウ10本、リンゴ6本、ナシ2本、カキ2本、イチジク10本、キウイフルーツ2本、柑橘類4本、マルメロ2本、ブラックベリー2本、バラ7本を栽培しています。

リタイア後の生活スタイルですが、果樹にかけている時間は平均して3時間程度です。自分の生活スタイルに合った果樹の育て方を見つけるのも楽しみの一つです。本書を参考に皆さんの健康に合わせた無理のない果樹栽培を楽しんでいただけたら幸いです。

勝三郎の果樹園日記　遊び 学び 育てる

秋

ブドウ（藤稔）

瀬野農園では
こんな果樹や花を
育てています

リンゴ（つがる）

モモ（日川白鳳）

リンゴ（ふじ）

ブドウ（マスカットベリーA）

ナシ

ブドウ（瀬戸ジャイアンツ）

ハッサク

カキ（富有柿）

マルメロ

イチジク

ブラックベリー

キウイフルーツ

バラ（つるバラ）

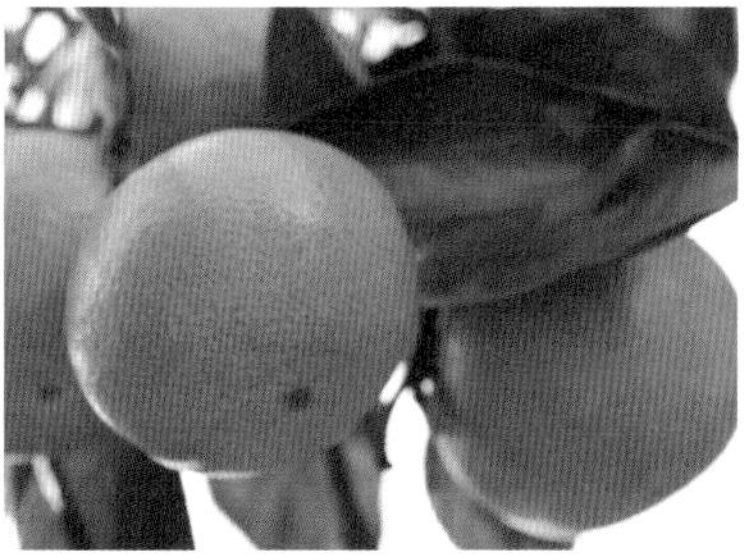

温州みかん

農園の四季 **冬**

雪が降るほどの寒い冬、その年は良い実りの年になる。
寒さは虫や病気が越冬するのを防いでくれる。
寒い時期は、力仕事の排水改良や
ブドウ、ナシ棚の補修に欠かせない時期でもある。

'18 12月

師走、果物作りの始発《スタート》

果物作りは今日が元旦
良い果物は　良い寝床作りから

12月1日(土)
9:30～14:00

理想の樹形は傘のように　落葉樹の剪定

常緑樹の柑橘系はさておき、落葉樹のリンゴ、モモ、ナシ、ブドウ、カキ、キウイフルーツは、11月中にはすべての葉を落とし、果樹たちは眠りに入る。

本格的な冬に入る12月は、美味しい果物を収穫することを想像しながら2月、3月までの果樹の休眠期に理想の樹形になるように選定を行う。

理想の樹形というのは、極端に言えばブドウのように幹から枝を横に張らせることである。

樹形を傘のように背丈ほどに低く横に張らせることで、収穫までのすべての作業が楽に楽しく行うことができる。

自然相手の果樹栽培だけに、1年が冷涼な気候に恵まれ、穏やかな年になることを願うばかりである。

モモの剪定／時期は11月から2月の間、樹姿が横に張った状態に育つように心がける

12月2日(日)
～5日(水)

高く育てず低く頑丈な果樹へ　モモの剪定

今日からモモの選定を行う。モモは、幼木期にいかにうまく整枝するかで、10年後の樹姿が決まる。10年を経過すると徒長枝（若い強い枝）が少なくなり、剪定作業が短くてすむ。

若いモモの木は、お日様にとどくようにと高く上に伸びようとするが、茶碗のような横に張った樹姿へと育つよう、なだめるように剪定をすることで、多くの花が咲き実をつけるようになる。

12月9日(日)
10:00～15:00

収穫と出荷で大忙し　キウイフルーツの収穫

今日は6人の助っ人が農作業を手伝う。剪定枝は桃の樹下に散乱しているが、この枝を20センチに切り詰める。この作業は単純だが多くの人出が必要だ。また切り詰めた枝は、有機肥料として活用するためリンゴの樹下にまき散らす。病害虫予防のため、同じ種類のモモの果樹にはまかない。

寒さが深まりキウイフルーツの収穫時期になる。

モモ周辺風景

目をかけた分だけ　命は応えてくれる

収穫したキウイフルーツは1週間ほど追熟させる（収穫後、一定期間置くことで甘さが増し、肉質がやわらかくなる）。リンゴは11月に収穫し、もみ殻の中で保存し、近くのＪＡの趣味コーナーに出荷する。ＪＡの立地が良く、量も少量ということで、即完売する。減農薬栽培という付加価値はあるものの、価格設定はあくまでも主婦感覚を忘れない。

モモの剪定

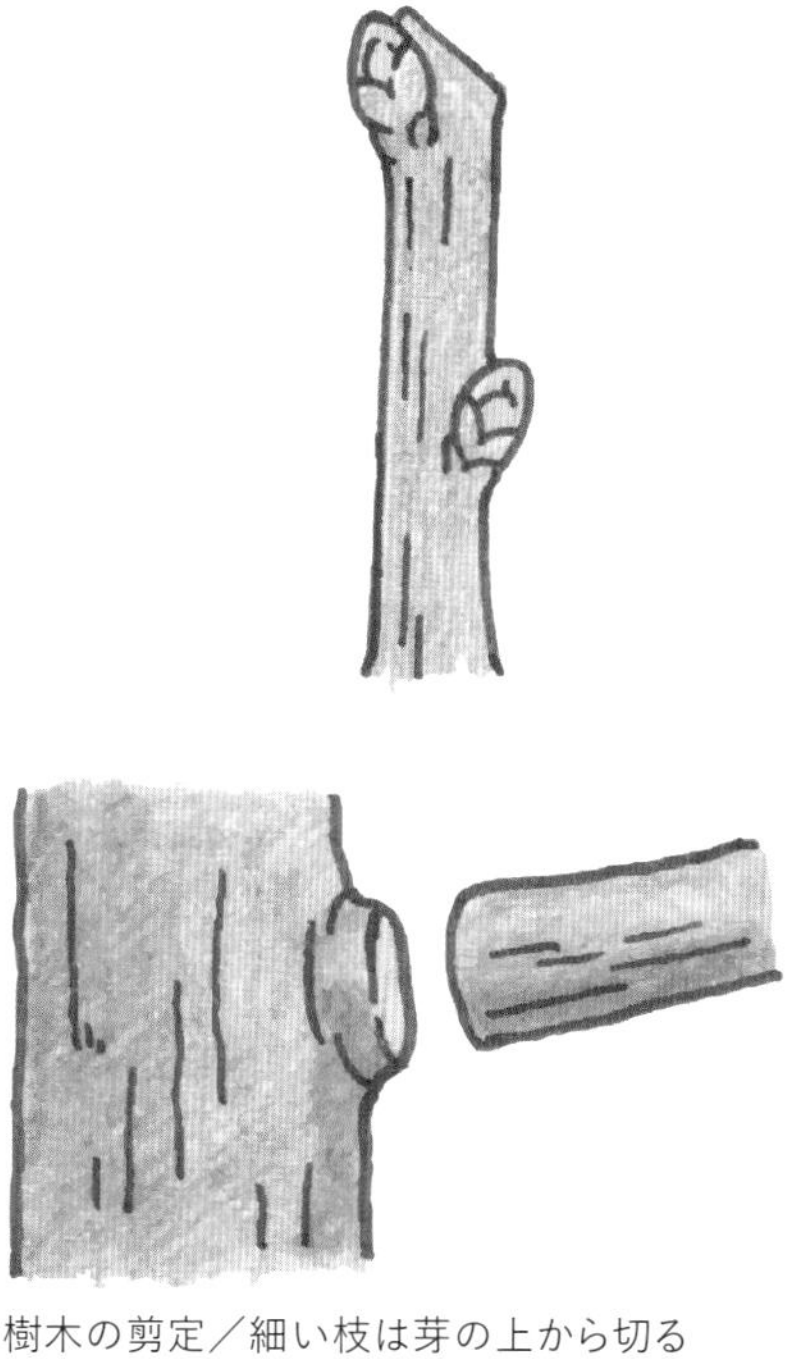

樹木の剪定／細い枝は芽の上から切る
大きい枝を切る場合は幹に沿って切る

この寒い時期　石灰硫黄合剤を散布することでおいしい果物ができる

12月13日(木)
10:00～15:00

果樹栽培で一番大変で一番大切な作業　石灰硫黄合剤の散布

晴天に恵まれ無風の日をねらって、モモ、リンゴ、ナシ、ブドウ、カキ、イチジク、キウイフルーツの落葉果樹に石灰硫黄合剤の1回目の散布を行う。厳寒期のこの時期に希釈倍数7倍液の溶液を散布することで越冬害虫や病原菌を撲滅する。

この日はミカン、ハッサクの常緑果樹にマシン油30倍液を散布する。マシン油は柑橘類の枝葉に散布することで油性の溶液が枝葉全体を覆い、病害虫を窒息死させる。寒さに弱い常緑樹の防寒作用もある。石灰硫黄合剤は硫黄成分により動力噴霧器を痛めるので、マシン油を石灰硫黄剤散布後に散布することで、噴霧器の洗浄効果が期待できる。

果樹栽培の作業で何が大変かと聞かれたらこの12月、1月、2月に実施する石灰硫黄合剤の散布である。この寒い時期に3回もの散布を行うことで、おいしい「瀬野農園の果物」ができあがる。

国道沿いの火力発電の煙で風の有無を判断

12月15日(土)
10:00～16:00

ナシの徒長枝《とちょうし》を棚へ結束

今日はリンゴとナシの剪定を行う。今年はリンゴ（つがる）が1本平均200個もの実をつけた。適量に実らせることで樹冠が落ち着き、無駄な剪定を行わずともすみ、作業もはかどる。

午後から始めたナシは、来年からの結果枝（実を成らせる枝）として残す作業も剪定作業と同時進行となる。わずか2本のナシ（品種：桃《もも》枝《え》月《つき》、幸水）であっても意外に時間を要する。

いつも手伝ってくれる妻の和子、その妹の康子達と、モモ、ナシの剪定を行う。

切った枝を集める作業から、ノコギリやハサミを使って剪定枝を20cmほどに切り詰める作業もお手のもの。手慣れた作業で日が落ちる前に作業を終えることができた。

二人には専用の剪定用ハサミとノコギリを贈ったが、農作業経験はないものの農耕民族としてのDNAが目覚めたのか、すっかり果物作りの魅力にはまってくれた。おかげで果樹の種類も増やせ、収穫も増え、日々感謝している。たまに大切にしているクレマチスを根本から切る失敗もするが、ここは忍の一文字である。

ナシの剪定

農園のまわりの市道を散歩する人達が増えて嬉しい

12月17日(月)
10:00〜15:00

ビニールシートを選ぶのもセンスが大切

一般家庭ではハウス栽培をすることはないかと思うが、わが農園には、ビニールハウス（7m×45m）内にブドウ瀬戸ジャイアンツを栽培している。そのハウスの一部を農機具倉庫として活用している。

果樹には厳しい夏の日差しを遮光するため、グレーのシート（10m×25m）を張る。ハウスの高さは5m近くあり、シート張りは、数人の手伝いを必要とする。ブルーシートではなくグレーの色を選んだのは、周辺の農地の緑に違和感を与えずに、農園景観を少しでも保ちたいという思いのためである。農園周りの市道を散歩される方達が年々増えていくのが嬉しい。

12月24日(月)
10:00〜15:00

減農薬のために　石灰硫黄合剤2回目の散布

今日も天気が良く穏やかな日であり、石灰硫黄合剤の2回目の散布を行う。厳冬期は枝や幹は休眠し、薬害のおそれもないこの時期に濃度7倍液の薬剤散布をする。幹や枝に十分薬剤塗布すれば春に

石灰硫黄合剤を散布すると幹は白くなる

枝葉が出ても、病害虫の発生を防止し、減農薬での果樹栽培を可能にする。1回2回3回と散布することで、石灰が幹や枝に塗り重なり白いお化粧をした姿に変わる。この白い石灰の被膜は散布後も梅雨時期まで残り、長く樹枝を病害虫から守ってくれる。

12月28日(金)
11:00〜15:00

気候変動を感じ将来を案ずる　ハッサク収穫

ハッサクが黄金色に色づき収穫時期をむかえた。ハッサクを収穫する時は、実の柄《へい》（実をささえる茎）から切り取り収穫する。柄《へい》を枝に残したまま収穫すると、次の年から柄《へい》の位置から新しい芽が出ず収穫減につながる。収穫した実についている柄《へい》は取り除きキッチンペーパーで汚れを取り、新聞でくるみ箱詰めして来年2月まで保存する。ハッサクの収穫後、病害虫予防と防寒を兼ねてマシン油剤を散布する。ミカン、ハッサク、キンカンが落葉障害を受けるのを防ぐため、寒冷紗（メッシュの布）を樹冠全体にかけ、忙しかった一日の作業を終える。厳しい冬の寒さが年々緩み柑橘類の防寒も不要になってくる気配があり、常緑果樹の栽培は容易になるものの、農園のメインの落葉果樹で冷涼な気候を好むモモ、ナシ、ブドウ、リンゴ栽培では温暖化現象の今日、将来が非常に懸念される。

ハッサク

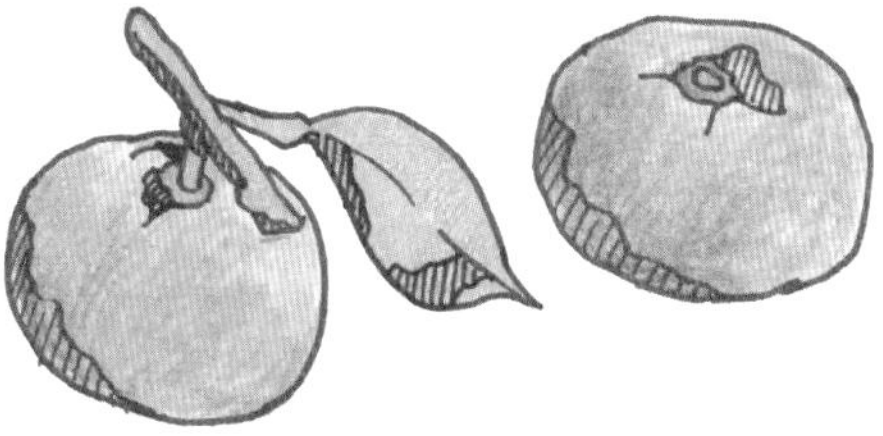
ハッサクの柄は長く残すと収穫後他の果物を傷つけるので短く切るか柄を除去する

’19 1月

果樹栽培家にとっては雪もまた喜ばしい

今日はわが家の仕事始め 孫達は遊び気分　長男はハラハラドキドキ

1月4日（金）
10:30～15:30

子どもたちは遊びながら学ぶ　モモ、リンゴ周りを耕運

今日はわが家の仕事始めである。遊びに来ていた小学生の孫達と長男が、リンゴの周りを耕運機で耕してくれた。正月明けということで多少動きが鈍いように思えるが、遊びながら楽しんで作業することで、農園作業を学んでくれたら嬉しい。農園は休耕田を活用しており、排水を良くするために、果樹苗を植え付ける前に、高さ50㎝、直径４ｍの、お椀型の盛土を行っている。

先月から始めた剪定作業で出た20㎝程度の剪定枝が、根本周辺を覆っており、耕運機での作業は大人にも技術を要する。子供達は遊び感覚で行うが、安定が悪い土盛り表面の作業であり、長男はハラハラドキドキである。

リンゴの周りを耕運機で耕す孫

緊張感を持って3度目の石灰硫黄合剤の散布
リンゴとモモの剪定　枝の切り詰め

1月6日(日)
9:00～15:00

石灰硫黄合剤散布

周囲の環境に気を配って

シーズン3回目の石灰硫黄合剤（7倍液）の散布。

この石灰硫黄合剤は、多少危険もともなうため、庭先などで使う場合は、特に注意が必要である。この薬には硫黄分が混合されており、車などにかかると塗装を痛めることもあり、ご近所など周辺の環境を考慮して使用してほしい。

和子達はリンゴ、モモの剪定枝の集積と枝の切り詰め作業である。小枝切りは剪定バサミでの作業となるが、親指大以上になるとノコギリで切ることになる。剪定バサミやノコギリを使うには集中して作業をしないと、危険をともなうので十分注意しての作業となる。

心も新たに「今年もよろしく」と果樹達に挨拶

農園農器具

ブドウの剪定は2月中に終えないと樹勢を弱める

1月9日(水)～13日(日)

ブドウの剪定枝は焚火に最適　瀬戸ジャイアンツ剪定

農園には3品種11本のブドウを植え付けているが、今日はハウス内の品種、瀬戸ジャイアンツの剪定を行う。

ブドウは2月中に剪定を終えないと、根が水を吸い上げる活動を始め、枝先から樹液を放出し樹勢を弱める。

剪定の箇所は枝の分かれている少し上で切るが、ブドウのツルは中が空洞なので、切り口の治癒がスムーズに進むように節と節の中間で切る。

ブドウの枝は空洞なので、乾燥させるとよく燃える。厳冬期は農園も非常に冷えるため、昼の食事時にはこの剪定枝を燃料として暖をとる。

20㎝に切り詰めた枝を土嚢に詰めて1年間保存したものを使用すると、よく乾燥された枝は柔らかい炎を立たせ小屋の中を程よく暖め、お昼のひと時をより一層楽しいものにしてくれる。

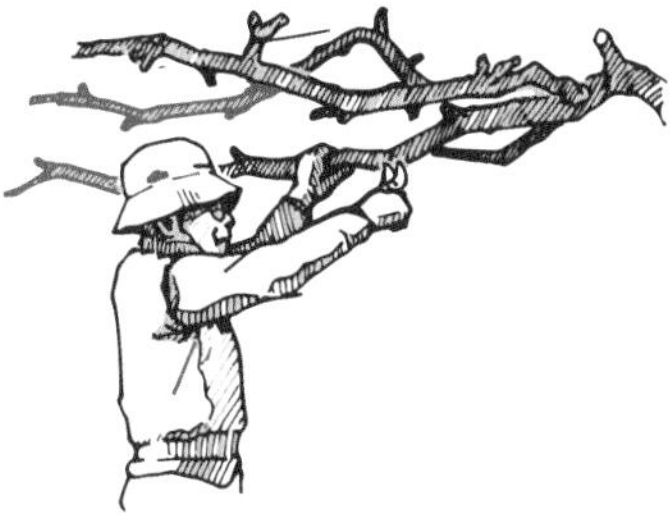

1月から2月にブドウの剪定を行う

ブドウの剪定／ブドウの種枝から昨年出た枝を一節残し剪定

思ように育たない悔しさの日々
あえて人に聞かないのも趣味の醍醐味
なにより　その土地にあった果樹の育て方を教えくれる
失敗を糧に楽しもう

良く燃えるブドウの剪定枝を燃料として暖を取る

ブドウの剪定

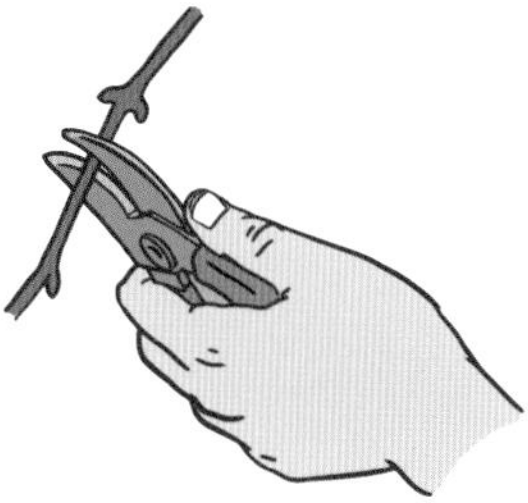

節と節の中間で切る

1月14日(月)
9:00～16:00

遊び感覚で剪定を楽しむ　ブドウ藤稔《ふじみのり》剪定

今日も脚立に足を掛け、露地植えのブドウの品種藤稔《ふじみのり》の剪定を行う。

藤稔《ふじみのり》も瀬戸ジャイアンツ同様樹勢が強く成長旺盛な樹である。そのため余り強剪定(枝先でなく幹に近い箇所での剪定)を行うと、より強いツルが出ることになるから、弱剪定（ツルの先で切る）に努め春先からツルが伸びすぎないように作業を進める。南向きの農園は朝は寒いが、夕方3時過ぎまで冬の日差しが暖かい。

遊び感覚での果樹園栽培であるが、ついつい遅くまでの作業になり、帰りはラッシュ時にかかってしまったが、今日も楽しい1日でありましたと、夕日に感謝しての帰宅である。

好きこそものの上手なれ
好きになればなるほど
果実は思うように実ってくれる

ブドウの枝

雪下ろしは大変だがこの時期の雪は果樹栽培家にとって喜ばしいことでもある

積雪15cm。JRで1時間かけて農園のハウスの雪下しに

1月16日(水)
13:00～16:00

狭い庭でも果樹育て　わが家の果樹の手入れ

わが家の庭には、樹齢35年になるモモ（白桃）とリンゴ（王林・紅玉）、植え付け8年になるブドウ（瀬戸ジャイアンツ）を栽培している。

庭の果樹は朝晩観察できるが、民家が隣接しており、気を使うこともある。剪定のポイントは、樹姿をいかにコンパクトに育て、庭木としても見栄え良くできるかである。

1月17日(木)
13:00～15:00

ブドウ棚のレベルアップ

農園駐車場と小屋の周辺には4本のマスッカットベリーAを栽培している。もちろん果物を栽培するのが主目的であるが、駐車場の緑陰の効果、小屋入口の修景としての効果を出すためでもある。駐車場には6台ほどの駐車が可能だが、柱を避けるために鋼線（径6㎜）を上空の高い位置に主線として1本張り（鉄道の架線を参考に）棚を持ち上げることで、柱無しの棚を実現させた。

この時期は剪定を終え、棚全体の重量が軽くなっており、棚全体を上空の鋼線を利用して高く釣り上げることで、駐車場としてのスペースをより多く確保するための欠かせない作業である。

わが家の果樹

駐車場に柱無しの棚を作る

孫達はカレーライスを食べ
ブドウの落ち葉や小枝を集めて運ぶ

1月19日(土)
9:30〜15:00

ブドウの剪定

今日もブドウの剪定及び剪定枝整理を行う。

瀬戸ジャイアンツは成長旺盛で檜皮《ひわだ》の様に厚い皮が幹や主枝を覆うことがある。この皮の隙間が越冬害虫や病原菌の胞子などの住処《すみか》になる。石灰硫黄合剤を散布する時まで、これらの皮をきれいに除去し清潔な樹姿にする。

また、6月から7月中旬までの巻きひげが柔らかい時期に除去を怠ると、この時期には鉄線のように硬くなり、硬くなった巻ひげを丁寧に除去しないと病原菌の越冬の原因となる。

剪定時にはこれら巻きひげ除去を含めての作業を行う。孫達はお昼にカレーライスを食べ、ブドウの落葉、小枝を拾い、遠く離れたナシやリンゴまでの運搬と作業に孫達3名がおのずと競い合うのが微笑ましい。

皮をむいた樹木

お昼はカレーライス

苗木はやがて大樹となり 荒れた棚田を蘇らせる

1月24日(木)
10:00～16:00

施肥及び排水改良

毎年、ニューホープ21という有機肥料を、静岡の肥料会社から取り寄せ、果樹に施用する。

今日もリンゴに骨粉、油粕、熔成燐肥《ようせいりんぴ》とニューホープを施用する。果物は野菜などと異なり、窒素分を控え有機質系肥料を主体にすることで頑強な樹に育ち、施用することで多くの実をつける。

農園周辺は南向きの傾斜地に広がる棚田で、米が良く実のりこの地域を古くは五石《ごこく》と呼んでいたという。その名残りか地域には苗字を五石《ごいし》と名乗る家も数軒点在する。

園外の田んぼでは、6月になると水を引き田植えが行われる。その浸透水は、園内の4段になっている果樹園の地下を浸透して下へと落ちて行く。

1～2月最も浸透水の減少しているこの時期に、排水改良を行う。十数年前の開設時に、径10㎝の排水管を70ｍほど敷設しており、

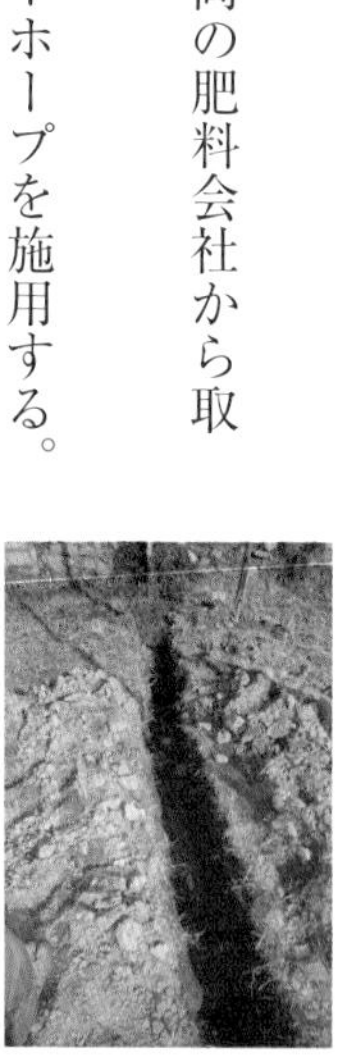

管を埋める

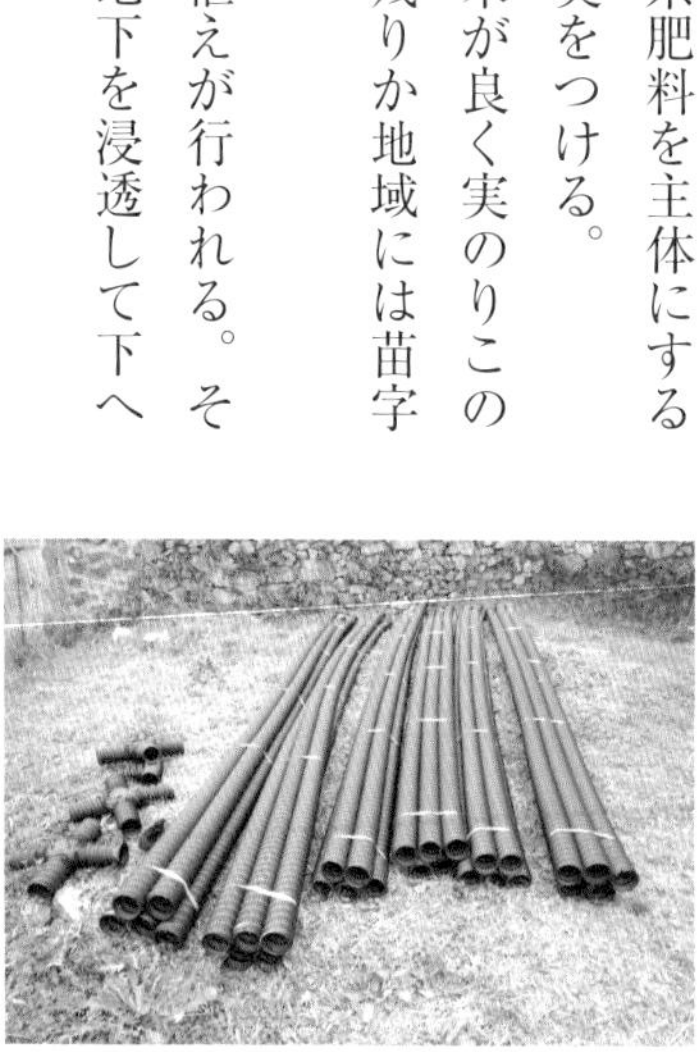

排水管

数年毎に掘り起こし、雑草の根で目詰まりを起こしていた箇所の改善を行う。

1月27日（日）
10:00〜16:00

■この時期に耕すことで根の活性化を図る　施肥及び耕運

今日もナシ（百《もも》枝《え》月《つき》、幸水）の2本の果樹に骨粉、油粕、熔成燐《ようせいりん》肥《ぴ》とニューホープを施用する。

肥料の施用を行った後に、子供達と長男が耕運機で深さ10㎝程度耕す。

この時期に耕すことで、除草や土壌に空気を送りこみ、休眠中の細根を切り、根の活性化を図ることになる。

昼は餅つきを行う。以前は杵と石臼が保存してあったがその石臼は小屋入口に庭石替わりに据えており、風情は無いが機械で餅をつき、テーブルの上で焚火（ブドウの剪定枝を薪代わり）を囲んでのお汁粉もご馳走である。

収穫物はキンカンの実だけのこの時期は焚火、餅つきが楽しみの一つである。

石臼は小屋入口に庭石替わりに据えている

穏やかな農薬散布日和
防寒着　マスク　手袋の重装備でのぞむ

1月30日（水）
10:00～15:00

石灰硫黄合剤散布

今日も穏やかな農薬の散布日和である。午後は農園の地形では南から吹き上げの風が出る。現在はブドウのつるは落葉し、裸の状態であり、薬をブドウの枝に充分付着させるには、前もって天気図を参考にその日を選ぶ。

ブドウの品種瀬戸ジャイアンツ、藤稔《ふじみのり》、マスカットベリーAには石灰硫黄合剤を散布する。他の落葉果樹同様減農薬を試みての栽培には、この作業が欠かせない。防寒着、マスク、手袋をしての作業であるが、たまに顔に薬が付着するため、作業前に湯沸かしポットでお湯を準備し、作業終了時に顔や手を石鹸で洗い落とす。

一年を通じての作業は楽しく面白いが、この石灰硫黄合剤の散布を始める日は覚悟して作業に取り掛かる。

何故なら、石灰と硫黄の混合剤で濃度も7倍であり靴や服などが黄色く汚れる。また、動力噴霧器も錆《さび》ないようにしっかり洗浄が必

噴霧器のタンク容量50L、ホース長さ50m

要である。

この作業を一年で一番寒い日に実施することで、病原菌や害虫の卵、越冬害虫を僕滅できる。それにより病害虫が発生する夏場に必要な害虫駆除作業が半減できるからである。

大変な作業であるが棚の下一面にブドウの房が風で揺れている情景を想像しながら、帰宅途中の車の中で思わず、今日も楽しかったと一人で呟く。

農薬散布

石灰硫黄合剤散布の心得

①高濃度7倍液を作る
②落葉果樹を対象
③12月から2月の厳寒期にする
④散布する農機具は散布後十分に水洗いし錆付きを防ぐ
⑤散布作業にあたっては衣服やメガネが汚れるので散布専用古着に着替え、その上から雨合羽、マスク、手袋を着用する

'19 2月

厳寒期の２月は、果樹栽培で
からだはホカホカ、焚火で昼ごはん

来園者を喜ばせたいという思いが自分を鍛えてくれる

2月1日(金)
10:00～15:00

菊芋掘り

厳冬期の冬であっても、キンカン、菊芋を植えていることもあり、多くの来園者が来てくれる。

この時期であっても、一緒に収穫し手土産としてお渡しできることを嬉しく思う。また来園者の中には、デイケアを経営しながら、道の駅でゆずの皮やカボスで作った砂糖菓子などを販売されている方もいて、そういった品々との物々交換ができることも果樹の魅力である。さらに、果物の保存・加工の仕方を教えていただいたりと、この年になっても学べる楽しさに人生のおまけは尽きない。

物々交換も魅力のひとつ

菊芋

柚子皮砂糖菓子

カボス砂糖菓子

季節の野菜かりんとう

なんでも真剣に作り続けると自然とできることが増えてくる

2月7日(木)
11:00～16:00

イメージし手を動かす　卓上七輪で焼肉会

以前、ツアーでイギリスの湖水地方を訪れたとき、湖畔に黒く塗装された窓枠だけが白い、シンプルで素敵な佇まいの小屋が印象に強く残っていた。

その小屋を自分で作れないかと、農園駐車場の一角に休憩所を兼ねた小屋づくりを思い立った。柱や梁、壁は焼け杉を施用し、2枚の入り口の戸は障子の枠を白く塗装することで、イメージに近い小屋ができ上がった。

小屋の中のテーブルは、店の解体撤去が進んでいた焼肉屋の椅子の背もたれの無垢の杉板をもらって作った。できないと思わず、できることをイメージし手を動かすことで、大概のことはできる思っている。仕事とは違い100％を求められるわけでもな

休憩所として活用　イギリス風の手作り小屋

く、リタイア後の長い時間を使って、楽しんで取り組む。小屋の完成により、来園者にとっても、私にとっても喜びの多いものとなった。

2月10日(日)
10:00～16:00

ブドウの枝を利用した手作りリース
ブドウの剪定及び剪定枝の整理

小屋には、マスカットベリーAの枝を利用した手づくりリースの柱時計がある。この枝は他のブドウと比べて細く長いので利用価値が高く、来園者には、切り枝をリースの土台として持ち帰ってもらっている。ブドウ棚の剪定作業は駐車場の上ということで高いため、脚立での作業となる。

女性や子供達は落葉を拾い、剪定枝の整理、切詰、近くで栽培しているキンカンの下へと運搬し、汗を流してもらった。

お昼は焚火で作った消し炭を利用して、焼き餅を作りお汁粉を食べたが、汗を流しての作業の後だけに格別な味が楽しめる。

マスカットベリーAの枝で作ったリース

2月12日（火）
13:00～15:00

木を植えることは景観を作ること　わが家の庭にて

わが家の庭には、樹齢30年の白桃がある。

一年を通じて町の潤いある景観を保つには、その風土に合った樹種を選ぶことが大切で、年間を通じての管理がより重要である。

葉が多く茂る季節は、道行く人たちに木陰を提供し安らぎと潤いを与えてくれるが、葉が落ちる季節は、魅力ある樹形で景観を保つように心がけることが大切である。

街路樹は、街の風景そのものであるがゆえに一度植えたら野放図にせず、景観美の一つとして責任をもって育てることを意識している。

今日はモモ、リンゴ、ブドウの施肥（骨粉、油粕、熔成燐肥《ようせいりんぴ》、有機化成肥料）を行いその後、除草を兼ねて耕運を行った。

明日は、風が出る前に12月、1月に続いて3回目の石灰硫黄合剤の散布を行う。

樹齢30年の白桃

2月17日（日）
10:00～17:00

自然を活かした贅沢　アスパラ苗の植付

農園仲間の伊東さんがアスパラガスの大苗をホームセンターから数株買ってきたので、園の空地に植える手伝いを行う。

アスパラガスは大きく成長する性質があり、植え付け場所は70cm程度の深い穴を掘り、骨粉、油粕、樹皮堆肥を元肥として施した。今日は苗の植え付けにあたり、直接肥料部に根が接しないよう植え付けた。

今の時期は竹を切るには良い時期である。竹は切る時期を誤ると竹材そのものが虫の餌食になる。

毎年夏になるとブドウ棚の下で、流しそうめんを行う。近くの孟宗竹（元口径20cm長さ7m）を切り出しハウスの中に持ち込み、器用な畠迫さんの協力も得て半割にする。いかに野趣味ある細工をするかで、流しそうめんの味も変わる。

昼食は小屋の中で焚火を囲んで、お互いが持ち寄った食べ物を分け合って豪華ランチを楽しむ。

2月20日(水)
10:00～15:30

果物でブリを釣る　ブドウ芽キズ入れ

ブドウ瀬戸ジャイアンツや藤稔《ふじみのり》は成長旺盛なため、先に元気な芽が準備され、根本に近いほど元気な芽が発生しにくくなる。

そこで成長の遅れている芽の先を専用の芽キズハサミや小刀で傷つける芽キズ入れ作業を行う。深さは木質部に達する深さまで傷を

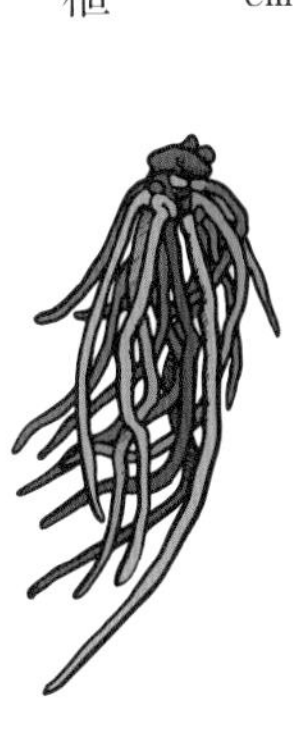

アスパラガスは宿根草のため、植付前に深く穴を掘り堆肥10Lほど施すと良い

付け、ふくらみ始めた芽に刺激を与える。作業は樹液が動き始めたこの時期が適期である。

芽キズ入れを行っていると、宅急便でブリが届いたとの連絡があった。福岡の従弟が玄界灘で釣った寒ブリだという。季節の果物を送っていたそのお返しにと、スーパーでは手に入らないような立派なブリを頂戴し、近所に住む長男と次男にもおすそ分け。

農園で収穫した果物は毎日欠かさず食べるデザートに留まらず、全国の名物がお返しとして届く楽しみな食べ物である。

2月22日(金)
10:00～15:30

果樹は雨を嫌うが　落葉の整理

３５０㎡の大型ビニールハウスの中に、皮ごと食べられる高級品種の瀬戸ジャイアンツ3本を栽培している。果樹は雨を嫌うのでビニールハウスは高級ブドウ栽培に欠かせないアイテムである。

しかし、冬は屋根の雪下し、台風シーズンの窓の開閉、適切な潅水と厄介な施設でもある。屋根に張るビニールの耐用年数は以前5年間は持ったが、この度は張り替えて2年で破損してしまった。

露地栽培にすると黒とう病などの病害虫に侵され易いが、この度は一大決心、破損したビニールを除去した。

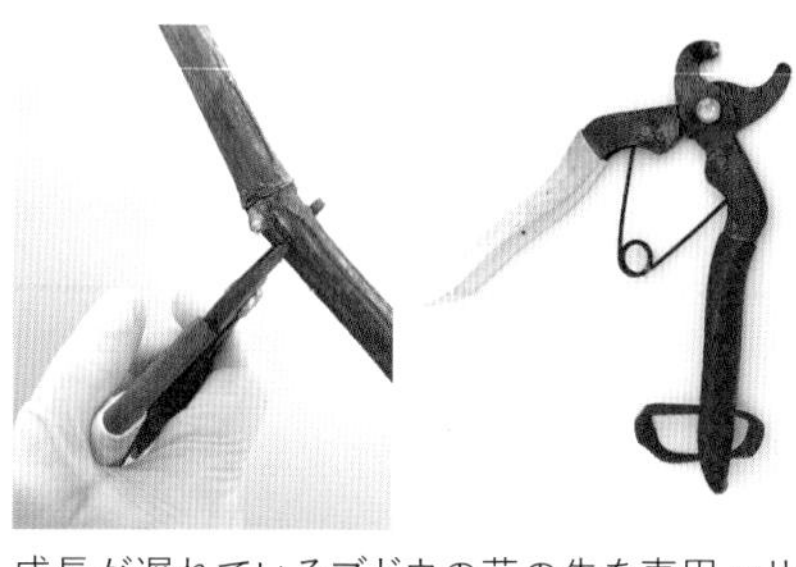

成長が遅れているブドウの芽の先を専用ハサミでキズをつける芽キズ入れ作作業

今年からは、年間を通じてこれまで以上の丁寧な栽培管理が必要となる。

2月23日(土)
10:00～16:00

無農薬栽培へ一歩づつ　施肥及び耕運

樹齢15年近くなったモモ（日川白鳳、清水白桃、瀬戸内白桃、あきぞら）15本は大きく成長した。排水を良くするために土を盛り上げている。直径5ｍの盛土表面全体に肥料（骨粉、油粕、熔成燐肥《ようせいりんぴ》、有機化成）を撒き、その表面を小型耕運機で耕す。

モモの落葉や落ちて土に埋もれ腐った実などを、根本周辺から取り除き、隣のリンゴやナシまで運び堆肥にする。

なかなか重労働だが、モモの樹下周辺をきれいにすることで、昨年発生した病害虫が越年するのを防ぎ、農薬散布の回数を減らし、無農薬栽培へと一歩でも近づけられる。

自然を相手にする果樹育ては
その場で答えが出ない作業が続く

ハウス内で栽培すると病害虫に侵されず、秋には紅葉した瀬戸ジャイアンツが楽しめる

樹齢15年近くなったモモ直径5mの盛土表面全体に肥料を撒く

段取りさえ上手くできれば仕事は軽くこなせる

2月25日(月)
10:00～16:00

地味な作業こそ大切

剪定枝の集積場で、剪定枝を細かく切る作業を行う。集めることも大変だが、これを細かく切る作業も地味でとても面倒な作業である。しかし、乾燥が進む前のこの時期に素早く行うことで、枝も柔らかく作業が楽である。剪定枝を拾い残してしまうと、夏場の草刈り機に剪定くずが絡んで作業がスムーズにいかなくなるので、しっかりと拾い集めることが大事である。

排水改良

以前水田であった果樹園は、梅雨の時期になると水はけが極端に悪くなる。

特に排水が悪い箇所は地下30㎝の所に径10㎝の塩化ビニール管(管には多数の穴が空いていて、表面水が浸透する)を埋めて排水改良を行い、さらに、水溜まりができる箇所は素掘りによる排水を行っている。

剪定枝を敷きならす

リヤカーで剪定枝を運ぶ

イチジクの枯れ枝にヒラタケが発生　夕食はキノコご飯

2月27日（水）
10:00～15:30

枯れてもなおあっぱれ　イチジクの補植（枯損場所への新植）

農園では園路とハウスの間に延長50ｍにわたり主幹を左右に這わす一文字栽培でイチジクを育てている。イチジクは成長旺盛で根域も広く、ひと夏で２ｍにも伸びる。また6月9月には、カミキリムシの幼虫が幹を食害して株ごと枯らしてしまうこともあるため、放っておくことのできない果樹である。

しかし、剪定枝を挿し木して育てると、夏には苗ができ枯れた箇所に補植することで、次年度から実をつけるほど、生命力が強い果樹ともいえる。

そんなイチジクが枯れてしまうこともあるが、それを嘆くこともない。枯れた枝に大きく肉厚なヒラタケが発生し、夕食に家族でおいしくいただくこともある。

実をつけることなく枯れたとしても、自然はいつも新しい命を芽吹かせている。

一文字仕立

肉厚でジューシーなヒラタケ

農園の四季　春

梅の花が咲き終わると
桜の花と共に桃の花が咲き道行く人も思わず足を止める。
この頃から2000個ほどの花は摘蕾、摘花、摘果を経て
最終的に一本のモモの樹に300個の実がなる。

'19 3月

水温む３月は果樹栽培の基礎整備の最終章

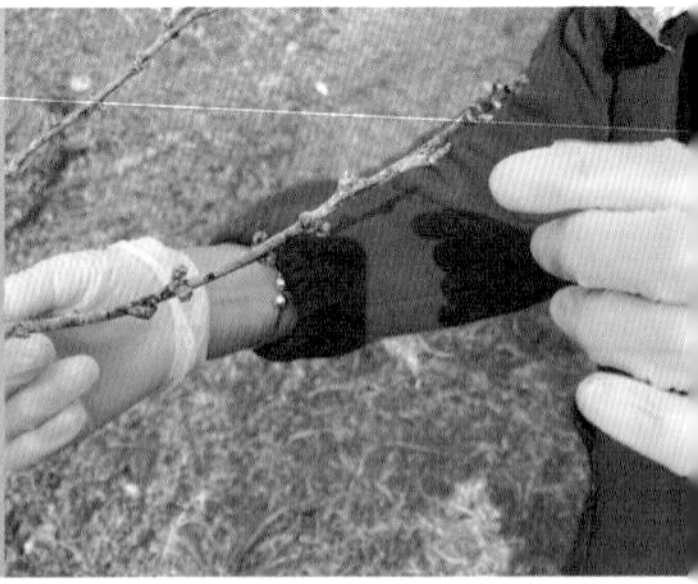

休眠していた果物達がトカゲと共に活動開始

3月2日（土）
9:00～17:00

果樹も密は厳禁　落葉果樹の移植

３月初旬の暖かい日になると、倉庫南の長石の継ぎ目から体長25㎝ほどのカラフルなニホントカゲが素早く出入りをはじめる。

爬虫類は苦手であるが、よく見るとかわいい。彼女の姿が目に止まる時期ともなれば、休眠していた果樹は地下部から活動を始める。

落葉樹の移植適期は、12月～３月である。移植期間も残り少なくなり、急ぎ密植してきた若木のモモ（武井白鳳）を掘り起こし、活着（樹が根付く）がスムーズになるよう根部を切り詰め、上下のバランスを整えるために枝も切り詰めていく。

果樹の植え付け間隔を７ｍ以上に確保し、移植後は根際を軽く押さえ、水をしっかり与え、風などによる倒木を防ぐための支柱を添える（「果樹の苗木の植え方のポイント」Ｐ１０８参照）。

庭を眺めながら毎朝とれたて野菜でサラダ

3月5日（火）
10:00～15:00

菊芋とキンカンは優等生

8月に花を咲かせるキンカンが甘みを増してきた。樹高2m程に成長したキンカンは小粒だが、多くの実を付ける。来園のたびに少量ずつ収穫して持ち帰り、朝食のサラダに加える。

3月から6月初旬まで収穫できるキンカンは、モモなどの果物が本格的に収穫できる6月初旬までの貴重な自家製果物なのである。

わが家ではキンカンを広口ビンに入れ、ホワイトリカー、氷砂糖を加え、1年ほど漬け込み、咳止めとして冷蔵庫に常備している。

夏場に黄色い花を咲かせる菊芋は、強健な宿根性の植物である。腸内環境を整え、糖尿病やメタボに効果が期待でき、女性のファンも多い。

庭を眺めての朝食は至福の時

芋は2年もすると大きく育ち、土の中で保存すると長持ちする。

土中で芋に芽が出始める5月中旬までの間必要に応じて収穫する。

わが家では収穫した芋をきれいに水洗いし、3㎜程度にスライスし、密封容器に酢漬けしたものをキンカンと同様、数枚を朝食のサラダに入れて食べている。胡麻、イリコ、昆布を加えたサラダを作る。朝食作りは16年前に定年退職後ずっと続けている、手先の運動と健康作りのためである。

一番の贅沢は農園を休んだ日、縁側で庭を眺めての朝食。まさに至福のひとときである。

キンカン

キンカンは熟成し飴色になる

「篤農《とくのう》は草を見ずして草を取る」

3月8日(金)
10:00〜15:30

野生動物より雑草との闘い　モモ周辺除草

農園の周辺には、イノシシやシカ、タヌキが出没するため、周囲300mにわたりメッシュの金網の柵を設置している。おかげで年間を通じて被害は出ていない。

野生動物の対策より厄介なのは、茅《ちがや》などの雑草である。野生動物の対策には役立っているが、柵際の除草は草刈り機が金属に触れて損傷することもあり、幅1mの防草シートを張っている。それでも先の尖った茅は、2~3年もするとシートを破りたちまち伸びる。園内はきれいに除草しても柵の足元に雑草が繁茂し、道路からの景観は悪くなり散歩する人に不快感をあたえてしまう。

茅はイネ科の植物でコンクリート沿いに繁茂すると深く根を張り、根絶することは難しい。最近では強力な除草剤も市販されているが、有機栽培に近い栽培手法を取っており、数年に1度この時期に柵沿いをスッコプで深く掘り起こし、根気よく除草する。それでも茅の根は根絶できず、数年後には再び繁茂することとなる。

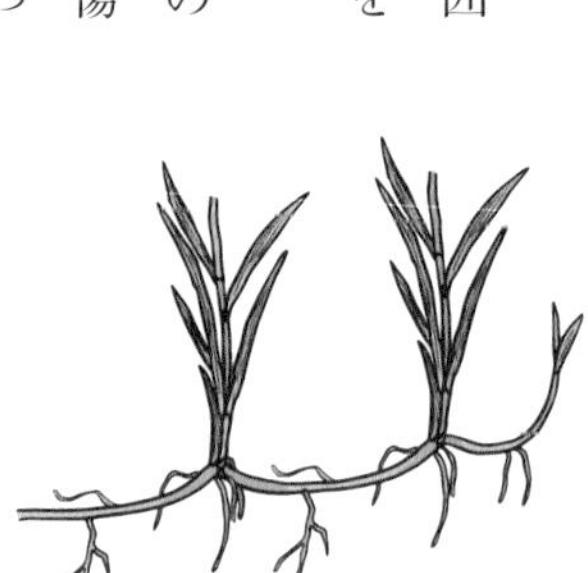

茅（ちがや）

「篤農は草を見ずして草を取る」というが凡人である私にはなかなか難しい作業である。

3月9日(土)
9:30～16:30

リンゴの根際を剪定

海外の古城でよく見かけるリンゴの木は、大木で小ぶりな実をたわわにつけている。

日本では、長年の専門家の努力による品種改良によって多種多様なリンゴ等の果樹が栽培されるようになった。一般にも美味しい果樹の苗が販売されている。

私が栽培しているリンゴの品種は4種類であるが、4種類ともマルバカイドウを台木にしたもので樹高は4～5m程度である。より低く育てるための「矮性《わいせい》台木」（樹高を低く育てる）もある。

マルバカイドウは、根際に多くのヒコバエが生えやすい台木である。ヒコバエを放置しているとリンゴの成長を阻害するだけでなく、病害虫の寄生場所ともなるので、ハサミでのこまめな剪定が必要になる。

リンゴのひこばえ

古城（スイス2009年8月撮影）のリンゴは大木となる

農園の帰りは国道2号線の風景を時速35㎞で楽しむ

3月12日（火）
9:00～15:30

■農園周辺除草と街道の景色

多くの人たちに、「なんて遠い所で栽培しているの」とよく言われる。

ところが自分は一つも苦にならない。

果樹園までの35キロの道のりを石原裕次郎の歌を聴きながら流れる景色に季節の変化を感じ、年上女房との友達のようなたわいのない会話の時間。わざわざ遠くまでと人は言うが、この長い距離があってこそのかけがえのない時間である。

運転中に見える瀬野川の土手にあるソメイヨシノは、4月ともなると数百本もの桜が豪勢に咲き、魚を狙うカワウになんともなしに思いをはせるなど、1時間の道のりは飽きることはない。

国道2号線平野橋から見る上流は奥に中国山地、前

国道2号線沿い一級河川瀬野川河床にシラサギを見る

に広島駅周辺建物、川面、緑地と続き、緑の背後の街並みの景観は素晴らしい。

　果樹園を始めた当初、渋滞を避けるため朝6時には車で出発していたが、その時から果樹園などまったく興味も関心もない女房も早起きし同乗してくれていた。

　一緒に来てくれと頼んだわけでもなくどうしてかと思い、「無理せんでいいよ」と言うと、「居眠り運転でもして事故に遭うのが心配だから」という理由だった。

　しかし今では、私ほどではないにしても、果樹園の作業を好きになってくれたのは、美味しく実った果実を女房の友達が楽しみにしてくれているからである。

　おそらく大根や人参などの野菜ではこうはいかなかったのではないかと思う。

　それほど、甘く美味しいブドウやリンゴ、ナシは、野菜にはない魅力的があると実感している。

　今日も事故もなく農園に通えるのは、言葉には出さないがいつも横にいてくれる妻のおかげだと思っている。

国道2号線平野橋から上流の風景を見る

草の根絶のため数年に一度
地中深く掘り起こし根を除去

3月16日（土）
9:00～17:00

ポンポン草の除去は根気よく

かわいくてわがままなリンゴの「つがる」「ふじ」は風通しが良く、園内でも陽当たりの最も良い場所に植え付けたいと思い、高さ1mの石垣沿の排水の良い場所に植え付けている。

石垣は野面石《のづらいし》（手を加えない自然石）の空石積《からいしづみ》（石と石の間にコンクリートなどの詰め物が無い）である。石積に繁茂する雑草のポンポン草（カラムシ）は肥沃な園内に侵入する。ポンポン草は成長すると、茎の皮は固くなり皮の繊維が草刈り機に巻き付く場合もある。その昔、皮の繊維を用いて衣類や紙などに利用していたほどである。また根絶のために掘り起こすと、強靭性はないものの、根の大きさは大人の手首ほどまでに成長している。油断するとその根はリンゴの根際まで侵入し、堆肥の養分を遠慮なく摂取することになる。

この根絶のため数年に一度、地中深く掘り起こし根の除去作業となる。

ポンポン草

3月18日(月)
10:00～15:30

果物棚の補修を数年に一度行う

農園や駐車場周辺などで、瀬戸ジャイアンツ、藤稔、ナシ、キウイフルーツ、マスカットベリーなど、それぞれの棚を作ってきた。棚の修繕には時間と労力を要するため、落葉時期に補修を定期的に行うことが大切である。

以前のブドウ棚は、単管パイプの支柱に張る作業が楽な柔らかい八番線を張っていた。しかし、石灰硫黄合剤を散布すると八番線は短い期間で腐食していまうため、長持ちする鋼線に張り替える作業を行った。

鋼線は非常に硬いため一人の作業は容易でない。二人での作業によって大幅に進んだ。

単管パイプにジョイント金具を取り付け、鋼線を結束させることで、棚の機能性を高める工夫も欠かせない。

人に言えない苦しさもある
それは、果実を心待ちにしている人たちの
気持ちの大きさを知っているから

硬質の線は支柱に直接結束するより金具を使うとかんたんである

ジョイント金具

摘蕾　摘花　摘果　袋かけは
根気よく丁寧に

3月24日（日）
9:30～16:00

季節を感じながら　摘蕾《てきらい》（蕾取り）作業

品種にもよるがモモは、多くの花をつけ、実も多くなり、その結果、小ぶりの実がたくさんつくことになる。

実を大きくするには、3月下旬ごろに大きく膨らみ始めた芽（蕾）を摘蕾する必要がある。芽はなでる程度で簡単に蕾を落とす。

根気のいる作業だが、しっかりと落とすことで5月に行う摘果作業を大幅に減らすことができる。

この作業は子供達でもコツを覚えると、楽しそうに手伝ってくれる。

摘蕾は、結果枝（実がなる枝）の3分1を指で落とす作業である。

摘蕾、摘花、摘果、袋掛けと続く一連の作業は、丁寧に根気よく。

単調な作業中は収穫の喜びを思いながら、春まだ浅い時期から初夏までの季節の移ろいを感じる作業である。

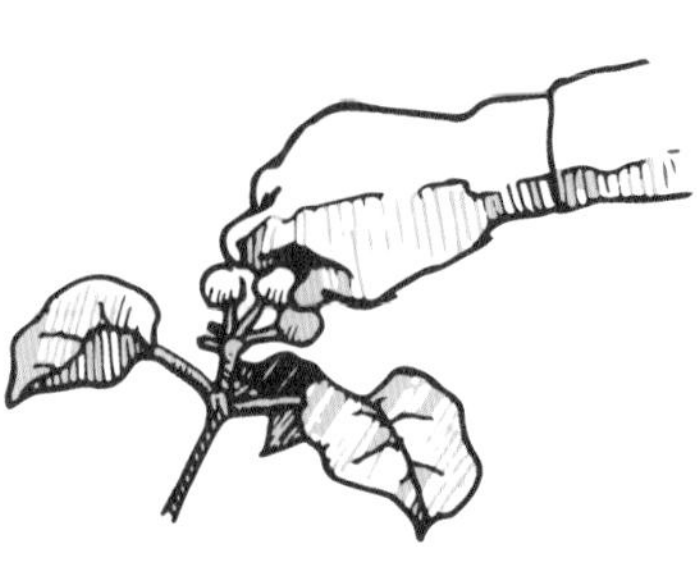

パチンコ玉ぐらいの大きさになったら、
中央以外を摘果

モモ、ナシ、リンゴの袋掛け

3月28日(木)
9:00〜15:00

減農薬栽培へのこだわり

農園での減農薬栽培の取り組みとして行われるのは、12月、1月、2月の石灰硫黄合剤散布と、この時期の（3月の）石灰硫黄合剤とZボルドー水和剤の二種類の農薬を散布することである。

Zボルドー水和剤は、気温が上昇し若芽（どん葉）になった状態時に散布する。この農薬は糸状菌病、細菌性病の発生を抑え、有機栽培にも対応できる。

これによって、果樹の発育期に病原菌の発生源を抑え、高温多湿の時期に農薬散布の回数を減らすことができる。

石灰硫黄合剤の散布は
女性が白粉をつけるように丁寧に美しく
真っ白になった果樹が微笑んでいるように感じる

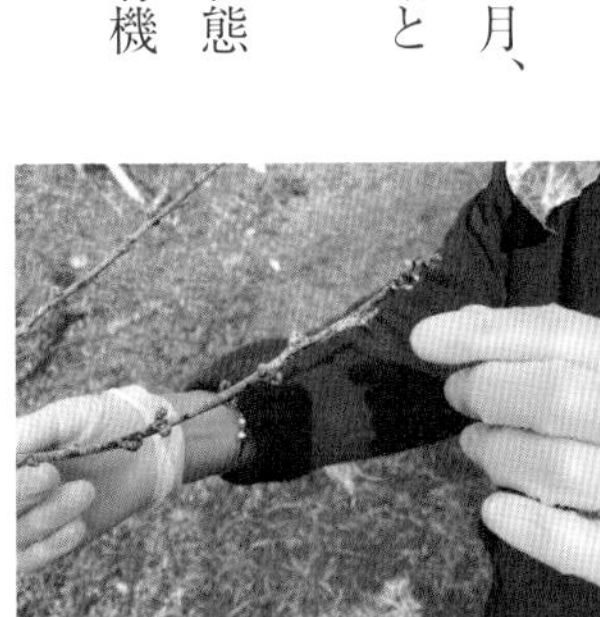

蕾を結果枝（実がなる枝）の三分の一取り除くと摘果が楽になる

大きなモモを実らせたいなら
摘花・摘果が大切　怠るな

3月30日(土)
9:00〜16:00

摘蕾《てきらい》から摘花《てっか》へ

農園のモモは日川白鳳、清水白桃、瀬戸内白桃の順に多数の実をつける。収穫する実に対して約30倍の数の花が咲くという報告もあるように、摘果を怠ると小ぶりの実を収穫することになる。

5月頃の摘果時期に仕事を集中させないためにも、この時期に手先での作業として、摘蕾、摘花作業を行う。

摘蕾を今月中旬まで終わらせ、次に開花が始まった今日は花をつむ摘花作業を行う。手法としては気候もよくなり、摘蕾作業のあと、残っていた蕾が開花し、上向きや横向きの花を中心に指先で丁寧に摘み取る。

ほぼ満開状態にきれいに咲いたモモの花を摘み取ることは残念に思えるが、心の中でゴメンナサイとつぶ

下向きの花を残し上向きの花を除去

やきながら、この作業を行う。そうすることで見栄えの良い大きなモモがなる。
摘果の時期にはモモの葉が樹冠全体に茂り、葉に隠れた多くの実を見落とす。
葉が開いていないこの時期に適量の花を摘み取る作業を行う。

「モモさん毎年キレイな花を
咲かせてくれてありがとう　しかしネ
あまりに多くの花が付きすぎると
夏に実は大きく育たないからネー
ごめんだけど少し花を落とさせてネ〜」

’19 4月

鳥も昆虫も農園の仲間

4月1日(月)
10:00〜17:00

妻のためにもひと仕事　ブドウ棚のレベルアップ

早や、ブドウの芽がふくらみ始めた。秋にブドウの房が大きく成長すると、ブドウ棚の柱間の鋼線は大きくたわむ。ふくらんだ芽に触れることがないよう、地上高2～4ｍのハウスのアーチパイプを利用して、棚を上部に引き上げる作業を行う。一人が下から棚を持ち上げ、一人が1・5ｍある脚立にのぼり、ハウスのパイプに番線を取りつける作業で年に1回、この時期に行う大切な作業である。

春ともなるとブドウは勢いよく地下から水を吸い上げるが、樹勢を弱めることのない様に剪定の時期には注意していたものの、2月に剪定した枝のいくつかの切り口から樹液が落ちている。

樹液を溜めるために枝先にペットボトルを差し込んでいく。翌日にはペットボトルに樹液がかなり溜まっている。

ブドウの樹液は整髪用や化粧水としても使えるそうで、わが家ではコーヒーフィルターで樹液をろ過し冷蔵庫で保管している。

この液をもっぱら活用している妻は、農園作業で色は黒くなり、髪は白くなるばかりといつも愚痴をこぼしている。そんな妻のためにも、樹液集めも大切な仕事の一つである。

樹液を集めて
化粧水を作る

テッペンカケタカ　トッキョトカキョク ホトトギスが来園

4月3日(水)
10:00〜15:00

たまに貴重な野生動物、国鳥も来園

　今日は特別の来園者があった。モモの花が開花し陽気に誘われてのことだろうか。その特別来園者は国鳥でもある雉（キジ）である。

　農園の近くには２０００世帯が居住する団地もあるが、北西側は森林が続いており、南面は開けていて農園の一部は草地に隣接している。そのような地形が続くことで、キジやコジュケイが遊びに来くるのに適した環境になっているのかもしれない。

　昨年の５月のある朝ハウスに入ったら、ホトトギスが迷いこんでいたのには驚いた。５月の早朝に「テッペンカケタカ」または「トッキョキョカキョク」。私が小学生の頃は、田舎では母達から、また「勝っちゃんとけたか」と鳴いているよと、からかわれたことを思い出す……。

　キジはいつの間にか飛び去り、ホトトギスにも快くお帰りをいただいた。

虫が木を食べているところに
薬をスプレー

キジ

ホトトギス

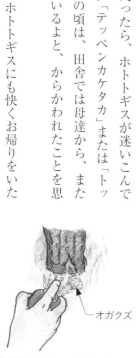

果樹の目覚めとともに挨拶まわりは欠かせない

4月4日(木)
10:00～16:00

招かれざる生物たち

4月の声をきくと、農園のすべての果樹が一斉に目を覚ます。この時期からは農園に着くと、果樹達に先ず挨拶まわりをする。果樹の成長の具合や、果樹の根本は特に注意深く見る。その日の仕事の優先順位を決めるためにも大切である。この「挨拶まわり」は柑橘類のハッサクの収穫時期の12月末まで続ける。

特に注意するのは、3月、6月、9月、この時期のリンゴ、ナシ、ブドウ、イチジクの根際である。ここにオガクズが出ていたら薬剤を注入する。5月頃に発生するゾウムシは玉虫色のきれいな昆虫だが、モモの実を食害する害虫で、発見したら捕殺する。

6月及び9月の日の出前と夕方、イチジクにはキボシカミキリが、柑橘類にはゴマダラカミキリ虫が飛んでくる。それぞれの果樹の根際を食害し、卵を産みつけ、幼虫は幹の中で生活する。幹は衰弱し、枯れることもある。

ゴマダラカミキリムシ
（福岡購買連病害虫図鑑連転写89・3）

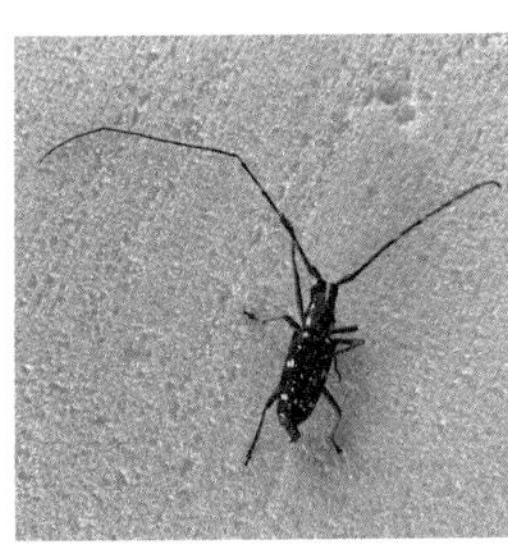
キボシカミキリ

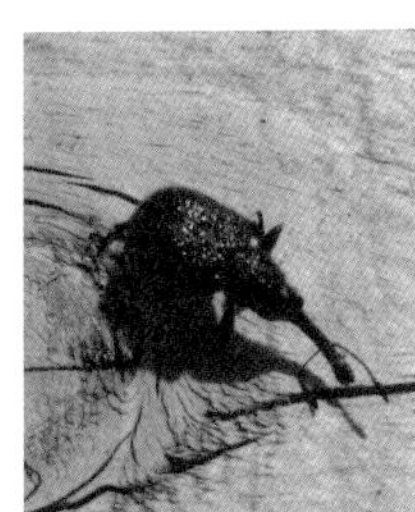
ゾウムシ

果物は人との架け橋
農園に人々が集い　果物が実れば笑いが弾む

4月6日(土)
10:00〜15:00

フルーツピザ職人　花見とピザを楽しむ

市内では既にソメイヨシノが満開を過ぎ葉桜になろうとしている。農園のモモや隣接のソメイヨシノは今が満開である。

花見と菊芋堀を楽しみに14名の友人、知人が集まる。昼のピザも目当てである。

ピザ生地は前日の夕方作る。12枚分の生地を作るには、強力粉1・2kg、塩18g、イースト12g、砂糖12g、オリーブ油10cc、牛乳、水を加えて、愛情込めて練り上げる。ピザの中には農園で12月収穫し保存していたハッサクも橙の色を添える。瀬野産の季節の果物が入るので参加者の面々にはいつも喜んでもらえる。

解散前に、少しでも果樹栽培の楽しみを体験してもらうために、モモの花摘み作業を手伝っていただいた。

草を刈り取り、地面は芝生状態　春の陽気に誘われ寝そべる人も

4月7日(日)
8:30〜15:00

撫育《ぶいく》(撫で育てる)してこそおいしい果物が育つ

モモ日川白鳳の花摘みはこの時期の主要な作業である。一つ一つ摘み取る作業には、多くの人達の手助けがあり助かる。日川白鳳は多くの実をつける。丁寧な摘蕾、摘花、摘果を行うことで大きな実が育つ。

4月9日(火)
7:00〜16:00

減農薬栽培にはピンポイントの薬剤散布が欠かせない

黒とう病の予防としてペンコゼブフロアブルを散布する。

黒とう病は、露地栽培のブドウには新梢、葉、果実の他、果柄《かへい》、(実を支える茎)巻きひげに発生する。発生して放置していると、新梢《しんしょう》、葉では初め表面に褐色の斑点ができる。その後、主脈に沿って淡褐色で小さい円形の斑点ができ、さらに進むと葉はゆがんだり、萎縮したり、孔が空いたりする。果実は表面に斑点ができる。発病は4月から7月の降雨時期である。今後もよく観察し予防に努めることが大切である。

この病気を防ぐには、マスカットベリーA以外の品種では雨を防ぐビニールハウスは欠かせない。

葉の病気

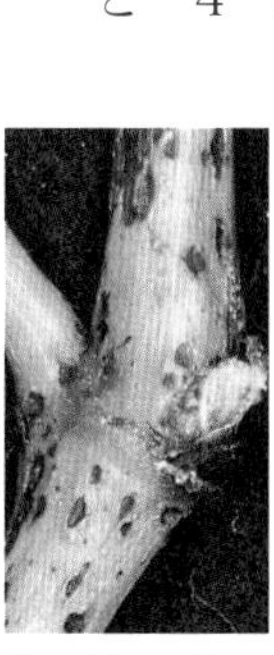
若い枝の病気

葉の病気

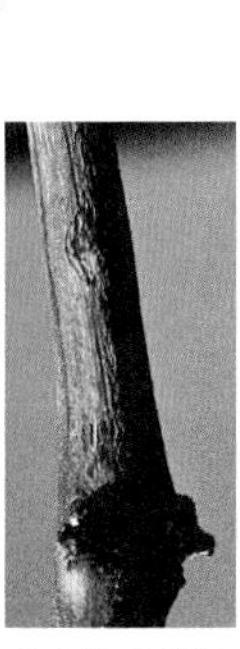
冬の枝の病気

モモ日川白鳳の花摘み

(福岡購買連病害虫図鑑より転写89・3)

地域にお世話になっていることも町内会費も忘れずに

4月12日（金）
9:00〜16:00

この時期は農薬散布も欠かせない

ナシは受粉用に2品種植えると受粉がスムーズにいき実付きもよくなる。

夏に成長した徒長枝《とちょうし》（垂直に勢い良く伸びた枝）を冬に剪定する時に残し、棚に結びつけて（棚付け）実のなる枝（結果枝）として育てることが大切である。

5月下旬パチンコ玉の大きさに成長したら摘果を行う。その後薬剤散布（トレノックスフロアブルなど）を行い、即袋をかける。

カラス、ヒヨドリ除けにテグスを張るかネットをかけると、8〜9月には美味しい実を収穫できる。

12、1、2月に病害虫予防に石灰硫黄剤を月1回散布も欠かさずに。

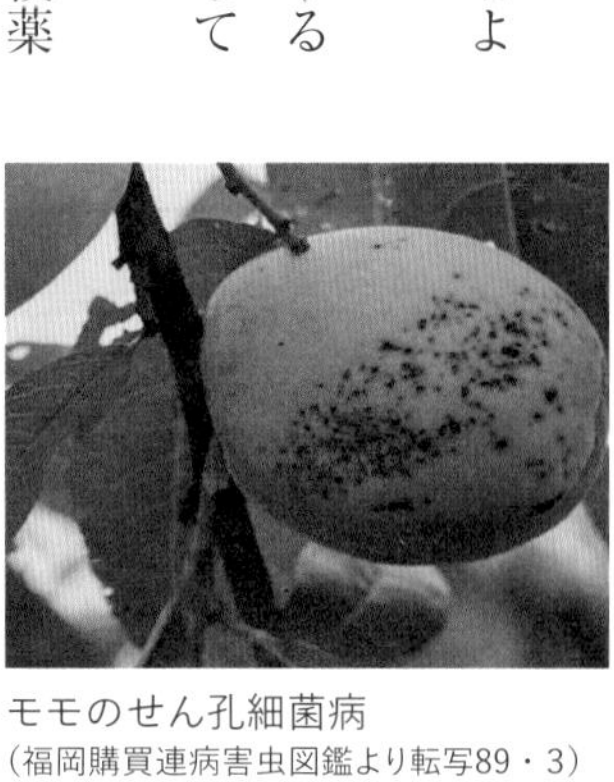

モモのせん孔細菌病
（福岡購買連病害虫図鑑より転写89・3）

改良された土は肥沃なので雑草の成長もことのほか早い

4月17日（水）
10:00～15:00

油断すると雑草は伸び放題

暖かくなると雑草は遠慮なく繁茂を始める。団地ののり面には芝を張り、のり面の保護と景観を保っている。そのため雑草はあまり繁茂していない。雑草対策として、中国地方特有の花こう岩が風化した無肥料の真砂土（花こう岩が風化してできた土）を盛り土し、重機で土をしっかり圧縮（転圧密度95％以上）しているためである。農園の土は柔らかく肥沃に改良しており、雑草の成長は殊の外早い。

毎年1回目の草刈り機で除草を始める頃には、農園内をゴルフ場のグリーンのようにきれいに管理しようと思うが、なかなかそうもいかない。7回程度の草刈り作業を行っていると、既に秋を迎える時期になる。

「農業は草との闘い」と古くからいわれているのもうなずける。

気分は常にゴルフ場の芝生広場

油断すると雑草は伸び放題

4月19日（金）
11:00～14:00

農機具庫の整理も大切な仕事

いよいよこの時期から、農耕器具などの出し入れも頻繁になる。そのため、動力噴霧器、耕運機、草刈り機などの農耕器具や、肥料、防鳥ネットなどの整理整頓を行う。

倉庫代わりのハウス内での整理中、「来た時よりもきれいにして帰る」と心では思っているが、こればかりは「遊び心で」とはいかない。「修行」だと思っている。

4月21日（日）
10:30～14:30

適切な予防も欠かせない

果樹の新しい芽は、赤ちゃんのように柔らかい。かわいい赤ん坊を元気に育てるためには、この時期にピンポイントの予防が重要である。

マスカットベリーAは黒とう病に強いものの、予防のためにオーソサイド水和剤を散布する。展葉（新しい芽が開くこと）が2～3枚開いてきたら、そのままにしておくと成長が止まるので、元気のある良い芽を残し、他の芽を摘み取ることも併せて行うとよい。

新芽は赤児の肌のように柔らかい

果樹の病気は発生してから防除しても遅いし治らない

4月22日(月)
9:00～15:00

摘果を終え予防後、直ちに袋かけが重要

2本のナシの木は、厳冬期の石灰硫黄合剤の効果もあり、病気になることもなく少数栽培ながら毎年たくさんのナシが収穫できる。ナシには4月下旬、摘果を行う前に、実や葉にすす状の斑点が現れる黒星病の発生予防としてデランフロアブル薬剤を散布する。この病気の発生は4～6月、9月の低温長雨が原因といわれている。

通年天気を意識することで、病気の発生を予想し早めの予防ができる。害虫は発生してから駆除できるが、病気は発生してからでは遅い。人も果樹もそれは同様である。

4月25日(木)
10:00～14:30

ブドウ芽かき

ブドウの芽かきの時期である。しかし、瀬戸ジャイアンツは、成長旺盛な新芽を繁茂させることで成長を遅らせることができる。芽かきを行わなくて済む親孝行な品種である。

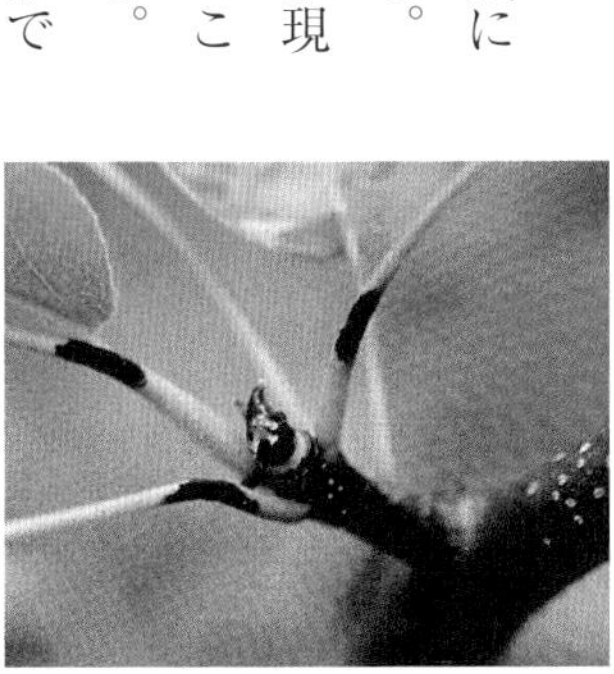

ナシ黒星病
(福岡購買連病害虫図鑑より転写89・3)

芽かきとは2つ成長している芽の中で伸びが悪い芽を指先でかき取ること

藤稔、マスカットベリーAの芽かきは、一つの芽から発生している新芽を指先でかき取る。ハサミを使用しないのは、病気の伝染を防ぐためである。

ブドウは新しく育った芽に一房の実が育つので、不要な芽をかき取ることで、充実した芽の成長を促すことができる。

4月27日(土)
7:00〜17:00

モモ、ナシの摘果

ナシは花も落下し、一つの花房に5〜6個の実が真珠大に成長している。この実の中で、健全に育っている中心の実を一つ残す。中心の実でも虫食いの実、形の悪い実は摘んで、他の健全な実を一つ残す。

農園では幸水と百枝月《ももえづき》の品種を各一本植えている。

5月に入ったらナシ、リンゴに袋かけ直前にトレノックスフロアブル(黒星病などの予防)を散布する。直ちに袋をかけ、病害虫の被害を防ぐ。そして8月の収穫を待つ。

紙袋で実を病気や雨から保護することで、収穫期の8月には無農薬に近い、おいしいナシが収穫できる。

ナシ摘果前

ナシ摘果後

一樹あたり1000個から300個に
モモを今日から摘果

4月28日(日)
10:00～15:30

日川白鳳の摘果

モモ日川白鳳の実がピンポン玉の大きさに成長した。3月に摘蕾《てきらい》、4月に摘花《てきか》と作業を続けてきたが、現在一樹あたり1000個ほどの実をつけている。

今日から3回ほどに時期を分けて摘果を行う。最終的には一樹当たり300個程度にする。一枝（結果枝）に2～3個が残る。

摘み取る実は、虫食の実、上向きになっている実、成長の悪い実である。

日川白鳳は早生種で梅雨の初期に収穫できることもあり、モモの中では栽培が容易な品種である。

雨に会うと病気が多発する果物は、梅雨の雨が大敵である。梅雨の雨が少ない年ほど高品質の果物が収穫できる。

日川白鳳／思い切り摘果しないと実がなりすぎて果実が小さくなる

'19 5月

五月晴れの農園は、花から実へと作業は日増しに多忙に

「果物作りの基」になる作業が実感できる重要で楽しい季節

5月1日（水）
9:00〜15:00

子供達が大いに活躍　モモ、ナシの摘果

この月は果物が一斉に成長し摘果、袋かけ、ブドウの間引き（摘粒）、ジベレリン処理と、猫の手も借りたい忙しさ。

連休もあるこの時期は、果樹栽培の体験として、家族や友人はもちろん、子供達が大いに活躍してくれる。

子供達には作業した果物に名前を書いた荷札をつけてもらう。そうすることで夏休みには、自分の作業した果樹の成長を観察し、収穫時期には自分が作業した果物を収穫できることで、喜びも大きい。

こうした体験を通して自然の豊かさ、果樹育ての魅力を実感してもらい「果物づくりの基」が育ってくれればと願っている。

モモの摘果／一つの枝先に葉の数30〜40枚に一個幹に近く下向きの実を残す

5月2日（木）
7:00〜17:00

ブドウの予防、モモの摘果・昼は焼き肉会

ブドウの展葉（葉が開くこと）が始まり、今日の早朝風が無い時間帯に、ベト病予防にデランフロアブルを散布する。モモには灰星病予防にドーシャスフロアブルを散布する。

連休中でもあり多くの助っ人達の頑張りで、モモの摘果及びナシの摘果は思いのほか進む。

昼は卓上七輪で、秋の果物のお返しにいただいた猪肉で焼き肉をする。猪肉は聞くところによると、捕獲猪の中でも、３歳の雌を選び、良く血抜きを行うことで猪独特の臭みも無く、肉質は柔らかく、猪特有の脂身の乗った猪肉となる。この高級肉で子供達の箸は止まらない。

ピザの生地作り／5月5日「こどもの日」は大盛り上がり

ブドウの灰星病
（病害虫図鑑福岡県購販連転写）

モモのうどん粉病
（病害虫図鑑福岡県購販連転写）

5月7日(火)
10:00～15:00

副穂摘み取り

マスッカトベリーAの花穂が大きくなる。ジベレリン処理の準備として、一つの結果枝に2個の花穂がある場合、下の花穂を残し摘み取る。残した花穂の中で副穂を摘み取る。

マスカットベリーAの副穂を摘み取る

マスカットベリーAの副穂

7枚の葉が開いたらマスカットベリーに2回目のジベレリン処理で種無し作業

5月11日(土)
9:00～16:00

ジベレリン処理

マスカットベリーAの種無し作業として、ジベレリン処理を行う。第1回目のジベレリン処理は満開2週間前に処理する。2週間前の時期を判断するには、結果枝の展葉（葉が開く）が7枚になると処理の適期であると覚えてほしい。

5月12日(日)
9:00～15:30

ベリーA1回目ジベレリン処理

園内のマスカットベリーAの展葉は、一斉に7枚に達しない。1回目のジベレリン処理は時期をずらして、2回に分けて行うことになる。処理済みの有無を判断するため、マスキングテープを処理済み花穂の穂柄に巻きつける。

ブドウの栽培ではブドウの主幹から出る新しい芽を一斉に伸ばすことが重要である。これには2月に行う剪定作業の技術力によることが大きい（自分もまだその域に達していない）。この作業が完璧

マスカットベリーAの種無し作業(ジベレリン処理)

マスカットベリーAの花が満開に

にできると、花も幼果も同時に成長するため、病気の発生も少なくなり、良質のブドウの収穫へとつながる。

5月14日(火)
10:00〜16:00

薬剤散布

ナシの摘果が済み、袋かけの前作業として、黒斑病予防にロブドー水和剤を散布する。

5月16日(木)
10:00〜16:30

ナシ袋かけ

ナシの摘果作業、黒斑病予防も終えたので、直ちに袋をかける。今日の袋かけが終了すると、農園のナシは8月上旬から9月初旬の収穫期まで農薬散布を一切行わないので、無農薬に近い安全なナシが収穫できる。今後の作業は樹下の除草及びカラスの被害を防ぐための作業が残るだけとなる。

5月17日(金)
10:00〜16:00

園内除草、リンゴの摘果

リンゴの摘果を行う。リンゴは一果そう（1つの花芽に5個の実をつける。これらを果そうと呼ぶ）で、5個の実をつける。その中で健全に成長している中心果を1個だけ残す。

フジの幼果は緑色

ナシに袋をかける

ブドウに欠かせない大事な手入れ

5月19日(日)
9:00～16:00

3種類のブドウの手入れは最盛期をむかえる

今日はマスカットベリーAの1回目のジベレリン処理を終了させた。藤稔は副穂の摘み取り、瀬戸ジャイアンツは成長旺盛であり展葉5～6枚に成長したつるの摘心（新芽の先から1～2枚を摘み取ること）を行った。瀬戸ジャイアンツは樹勢が強いので他の品種のブドウより芽かきは遅い時期に行う。芽かきの目的は一ケ所から複数出た芽を一つにして残した芽の成長を促すことである。

5月23日(木)
11:30～17:30

花穂揃え

瀬戸ジャイアンツは花穂の中で1輪咲いたら、花穂の摘み取りを行う。穂の処理は穂の先端4㎝を残し上についている穂は全てを取り除く。この作業をすることで、でき上がりの瀬戸ジャイアンツは実（約40粒ほど）が大きく、ギッシリ詰まった房に成長する。この作業を花穂揃えという。

摘果作業

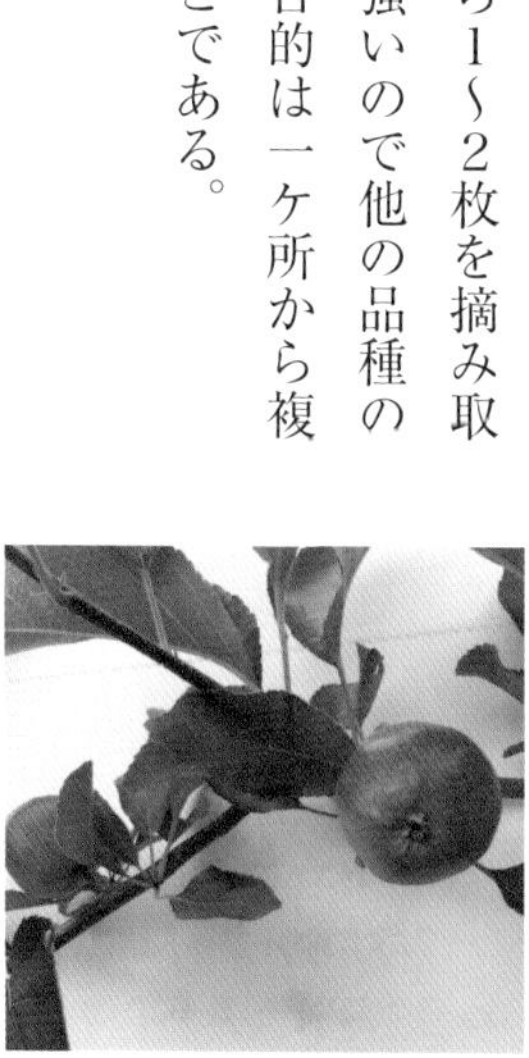

摘果後つがるの幼果は赤褐色

摘心

5月25日(土)
8:00〜16:00

ベリーA2回目ジベレリン処理

マスカットベリーAの1回目のジベレリン処理中、少し成長が遅れていた花穂に種無し化のための処理を行った。

無数の幼穂が棚から下がっているのでジベレリン処理済を見分けるために2回目のジベレリン処理では処理水に赤の色粉を入れる。

赤の液体は衣服や手についても、水洗いしたら落ちるが、ジベレリン処理作業は和子、康子には不評だ。しかし、収穫したブドウを人に差し上げる時、最近では「これは種無しブドウです。たまに種ありです。」といっているから、多少は責任を自覚してきたのではと思う。

マスカットベリーA花穂揃え

藤稔《ふじみのり》花穂揃え

2回目（赤い色粉入り）のジベレリン処理

瀬戸ジャイアンツの花穂揃え

花穂が1輪咲くと上部の穂を摘み取り4㎝だけ残す

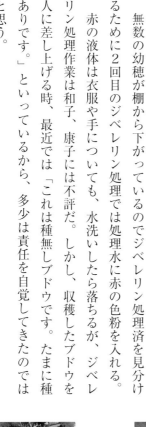

三人がかりで瀬戸内白桃600枚の袋がけ
ブドウの巻きひげ取りは柔らかい内に爪先で除去

5月26日（日）
8:00～17:30

モモ袋かけ

早生の日川白鳳や収穫期の早い清水白桃には袋をかけていないが、収穫期の遅い、瀬戸内白桃には病害虫の予防とモモの果皮肌を守るために袋をかける。今日は3名で600枚の袋をかけることができた。上出来である。

5月29日（水）
7:00～17:00

巻きひげ取り

ブドウはつるが伸び巻きひげ取りを小まめに行わないと、冬の剪定時期に作業の手間になる。

今の柔らかい時期は爪先で簡単に除去できるが、秋になると太く硬いひげが棚の線に巻き付き、除去には一苦労することになる。またこの巻きひげに病原菌が越冬し、翌年の病気の発生源となる。

モモの袋がけ

巻ひげ

マスカットベリーは11月の収穫時
子供達とブドウジュースを作るのが楽しみ

5月31日（金）
7:00〜17:30

藤稔《ふじみのり》ジベレリン処理

藤稔の花穂が満開になった。1回目のジベレリン処理時期である。藤稔は8月に熟し、粒が落ちやすい品種で、9月初旬には収穫を終える。

この品種のジベレリン処理の準備としては副穂の除去を行う。穂が大きいのでジベレリン処理の容器は処理液入れもおのずと大きくなる。

瀬戸ジャイアンツ、マスカットベリーAとも収穫期は8月下旬から11月初旬まで収穫でき、マスカットベリーAは11月になるとブドウジュースを子供達と作る楽しみがある一方、藤稔は大粒で見栄えが良く、多くの人に好評だが、早い時期に収穫を終えることになり残念な品種である。

藤稔の花穂が満開になり、ジベレリン処理を行う

農園の四季　夏

夏7月ともなれば早生種の日川白鳳は色づき、カラスやヒヨドリは待ちきれずに襲来する。

この時期はモモの樹全体に防鳥ネット張りに忙しい。

’19 6月

いよいよ収穫の季節が始まる

幼児の頭を撫でるように大切に育てた果物が熟してきた

6月2日(日)
9:30〜18:00

ジベレリン処理

個性ある三種のブドウの管理は年間を通じて「手間暇《てまひま》」をかければ秋には成果が如実に現れる。

マスッカトベリーAは最も強健で育て易い品種である。実は小粒ながらも糖度が高く収穫期も晩秋までの長い期間収穫が可能で、何より1本の樹で広範囲までツルを広げることができるので、1本当たりで収穫できる房の量もおのずから多くなる。植え付け2年目には収穫でき、初心者でも即挑戦できる品種である。

藤稔《ふじみのり》、瀬戸ジャイアンツ（二倍体欧州系品種）は粒が大きく高品質のブドウが収穫可能ながら、年間を通じて「手間暇《てまひま》」をかけないと栽培が容易ではない。

地球温暖化の傾向にある今日では、栽培にあたって高い技術の取得が必要になる。

ジベレリン希釈液を透明コップに入れブドウの穂を浸す

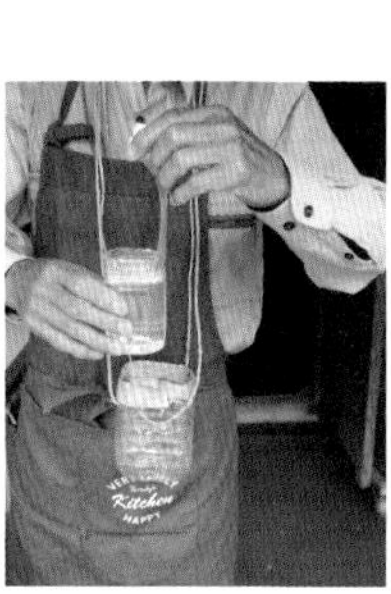

ジベルリン処理

瀬戸ジャイアンツの種無し化作業として、今までに、ジベレリン処理の1回目の花穂を4㎝だけ残す作業を終え、残した穂が満開になり、1回目のジベレリン処理を済ませた。

この1回目の処理から2週間が経ったので、本日から2回目のジベレリン処理を行う。適量の濃度に希釈したジベレリン処理液を透明のコップに入れて、ブドウの穂全体を液に数秒浸す簡単な作業である。

6月4日（火）
6:00～16:00

ジベレリン処理

瀬戸ジャイアンツの穂柄《ほへい》（粒を支える茎）は、他のブドウの品種と異なり、穂の成長が進むと固くなり、粒揃えの作業の能率は上がらない。

ジベレリン処理を終えたら穂が柔らかい中に、速やかに粒揃えの作業に取り掛かる。粒揃えは放置すると、一房の中の実が互いに大きくなり、病気の原因になる。そのため房の実を間引き、一房当たりの粒を30粒~40粒にする。

瀬戸ジャイアンツの頑丈な穂柄は硬く太い

ナシ リンゴ ブドウの花が散り 花は幼果となる

6月6日(木)
6:30〜16:30

ブドウ、ナシ、リンゴの袋かけ

果樹の花が散り、花は幼果となる時期である。

我が農園はモモ農家、ナシ農家、リンゴ農家、ブドウ農家、と小規模ながら、欲張りな農園（専門学校の教材として多くの果樹を植え付けた）である。袋かけやブドウ瀬戸ジャイアンツの作業と、同時に進行する作業となる。

駐車場周辺のブドウ、マスカットベリーＡ５００枚、ナシ幸水３２８枚、リンゴつがる１００枚の袋かけを済ますことができた。

午後には遠方の加計町から高木農園親子も来園され、農園の果物栽培の状況を見ていただく。

高木農園にも果樹を分けて欲しいとの要望があり協力を約束する。

ナシ袋かけ

「首が痛い」とブツブツ言う妻たち姉妹だが袋を外し誰よりも先にできばえの良い果物を賞味し感動している

6月8日（土）
7:00～19:00

コウモリガの予防時期

瀬戸ジャイアンツのジベレリン処理には、ジベレリン液にフルメット加用した。ブドウの粒の肥大と受粉の促進効果や、品質の向上を促すなどの効果が期待できる。

この時期はコウモリガの発生時期である。このガの幼虫はブドウ樹の根本に食入する。被害が大きくなると樹勢が衰え、枯損する場合がある。食入した箇所からはオガクズ出ており、穴に農薬を注入し防除する。ブドウ樹の根際の除草を行うことで、被害が防げる。農園でもマスカットベリーAが被害を受け1本枯損させた経験がある。

6月9日（日）
9:30～14:30

ブドウの袋かけ

駐車場周辺マスカットベリーAに袋かけ450枚を行う。

駐車場付近のマスカットベリーA

6月11日(火)
7:00～18:30

■ジベレリン処理

リンゴに袋かけ、瀬戸ジャイアンツは最終ジベレリン処理と多くの作業が立て込み、天候も不順な時期でもある。どの作業を優先するかも収穫に作用する。まさに猫の手も借りたい忙しさである。

6月12日(水)
13:30～17:30

■午前、廿日市記念病院(11：00～12：00)定期健診

藤稔2回目のジベレリン処理、袋かけを行う。大房に育てる藤稔はジベレリン処理液入れコップも大きなサイズになる。そのため作業袋は特大袋を利用する。

6月13日(木)
7:00～17:30

■モモ、ナシ、ブドウ袋かけ

園内に栽培している、モモ、ナシ、ブドウの袋かけをめいめいが行う。

リンゴ、ナシの袋

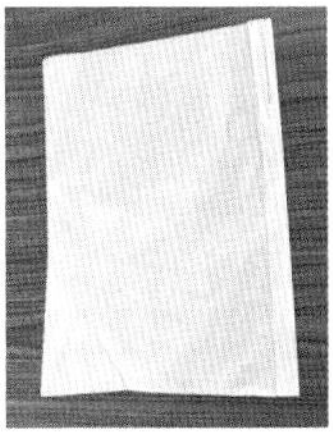

ブドウの袋

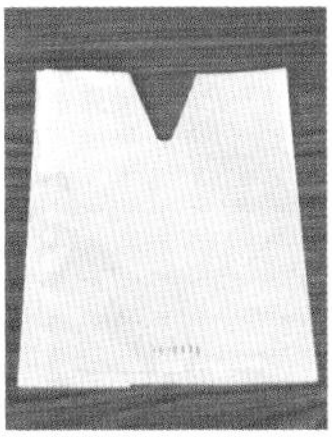

モモの袋

ブドウの袋かけ

モモの袋かけ

ナシの袋かけ

一年を通しての楽しい作業のご褒美として モモが熟し始める

6月16日(日)
8:00〜18:00

日川白鳳が熟し始める

早生種モモ日川白鳳が熟し始める。昨年11月に樹姿全体が横に張る樹形を心掛けた剪定作業を行い、厳寒期に病害虫の発生予防に、石灰硫黄合剤を3回にわたり散布する作業を行う。この1年を通じての作業そのものが楽しく、その結果のご褒美として今日の日を迎えることができた。

何時も農園を手伝ってくれている福島さんが友人を案内し、ブドウ栽培状況を視察する。

モモ日川白鳳が熟す

6月17日(月)
14:00〜18:00

瀬戸ジャイアンツに傘かけ

果物は雨をきらう。まして、高級品のブドウ瀬戸ジャイアンツはいうに及ばない。ジベレリン処理も終え、粒は日ましに大きくなってくるが、袋をかけるまでに粒揃えという作業がある。その間に病気の伝染と雨を避けるため、一つ一つの房に40cm四方の蝋引《ろうび》き傘をかける作業をする。
瀬戸ジャイアンツと藤稔《ふじみのり》は5月初旬に5枚程度に新しい芽が伸びると①芽かき②房揃え③ジベレリン処理④雨よけ⑤粒揃え⑥袋かけと6月下旬に一連の作業を終えると、2か月後の8月下旬から11月中旬までの収穫が楽しめる。

6月19日(水)
7:00〜18:30

■傘かけ
瀬戸ジャイアンツに雨よけ傘1000枚をかけ終わる。
瀬戸ジャイアンツの房の粒が大豆の大きさに成長すると傘かけ作業に取りかかる。瀬戸ジャイアンツは瀬野農園の期待の星であり、その期待に沿うようおのずと指先に力が入る。

6月21日(金)
7:00〜16:00

■傘かけ
瀬戸ジャイアンツに雨よけ傘をかける。房ごとに雨よけ傘をかけた後、1房70粒程度の実が大豆程度に成長した粒を35粒から40粒程度に粒揃えし、その後に袋をかける。

瀬戸ジャイアンツに雨よけ用の蝋引き傘をかける

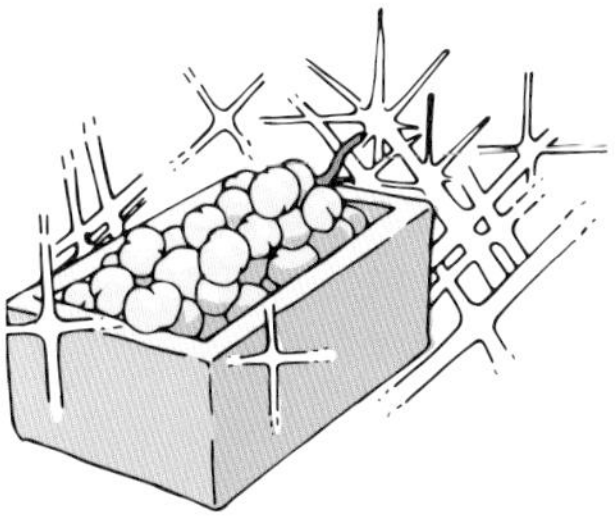
瀬戸ジャイアンツ

多くの人達の助けがあって今年も初のモモを収穫

6月23日(日)
8:00〜16:00

モモ収穫

　目の前に美しく輝くモモがある。寒さに震えながら12月からの剪定、春の知らせとともに咲かせた美しい花を惜しむように摘み（摘蕾・摘花）、枝いっぱいに実ってくれた粒たちを、大きく成長してくれと摘果し、大切に育ててきた。毎年のことだが、多くの人たちの助けがあり、喜び、笑顔の中で収穫できたことが、心からうれしい。

　早世種の日川白鳳は、梅雨前に成熟するので長雨による病気に侵されることもほとんどなく、毎年安定して収穫できる。

　農薬もほとんど使用していないため付加価値の高い、貴重なモモであることは間違いない。しかし、市場価格に照らし合わせて常に主婦感覚での価格設定をしているため、豊作でも不作でも経営に影響することもない。

　さほど収入を気にすることなく、栽培から収穫、販売まで一年中楽しめ健康的な果樹栽培は、リタイア後の理想の趣味であろう。

これらの果物は、エブリイ、ゆめタウン、安芸農協、佐伯農協、などの特設コーナーに出荷を予定している

モモの収穫　ブドウの粒揃え　リンゴの袋かけ　そして除草と忙しい毎日

6月28日(金)
10:00〜15:00

■ふじ袋かけ

モモ日川白鳳を収穫、瀬戸ジャイアンツの粒揃え、リンゴふじの袋かけと作業を組み合わせて行う。
日々気温が上昇してくる時期であり、除草は大変な作業である。草刈り作業で一番困るのは、肩掛けの草刈り機のトラブルである。専用の草刈り機4台を準備することで、、効率の良い作業が実施できている。

農作業は
日々五千歩歩く
健康づくり

リンゴふじの袋かけ

日川白鳳が色づき甘い香りがただようとヒヨドリやカラスがやってくる

6月29日（土）
7:30～15:00

防鳥ネット張り

日川白鳳が桃《もも》く熟《あか》するとと色も鮮やかで甘い香りがただよう。人だけでなく他の小動物も香りにさそわれ、遠慮なくモモの樹に群がり、食べにくる。小団体のカラスは行儀が悪く手当たり次第ついばむ。

ヒヨドリは一つの実をきれいに食べ次へと進むが、群れでの襲来には悩まされる。ヒヨドリの襲来を防ぐためには、樹冠全体に３㎜メッシュの強力ネットを張る。

小規模の果樹園であり多種類、多品種の果樹が１年を通じて徐々に収穫期を迎えるので、ネット張りも４張りのネットをリーレー式に使用している。鳥獣達も年中エサが育つものの、それなりの防御をされた農園は自分達の餌場としての評価は低いと思う。

防鳥ネットを夫婦でかける

ネット張りが悪いと鳥獣はすかさず侵入

実が成長しお互いに他の粒を傷つけないよう混み合っている粒を切り落とす

6月30日（日）
10:00〜14:00

瀬戸ジャイアンツの粒揃え

瀬戸ジャイアンツは粒も随分大きく成長した。先の細い専用ハサミで、他の粒に傷をつけないように、混んでいる粒を切り落とす。
この作業を行わないと、お互いの実が成長し、実の間に空間が無くなると、お互いの実が傷つき実は腐り、病気の発生原因となり、房そのものの価値が半減する。摘粒することで最終的には1房に30〜40粒が残る。

良いカタチとは整えること
人生もまた整える作業が続く

秋には実が詰まり、高級瀬戸ジャイアンツに仕上がる

摘粒

'19 7月

太陽がさんさん、風がそよぎ、
果物は主人の足音を待つ

団地の魚市にわが農園産の果物が並ぶ

7月2日(火)
7:00〜16:30

水曜魚市

果樹園を手伝ってくれる康子さんは、団地で開かれる魚市に農園の果樹を並べ販売してくれている。春まだ浅い3月ともなると「モモはまだかいね」と、団地のご近所さんが康子さんに声をかけてくれるという。収穫したてのモモ日川白鳳が、浜田の海でとれた新鮮な魚達の横で、宝石のように並んでいる姿を思い浮かべる。

団地の人たちも心待ちにしているモモを今年も届けられることが誇らしくもあり、期待を裏切ることなく、より一層の果物たちを育てたいと思う。

とれたてのモモは
とれたての鮮魚に負けない

浜田漁港の新鮮な魚が並ぶ

じっくり夢中になってアート感覚でブドウの粒揃え

7月3日(水)
7:00～15:00

小ぶりな実でもたくさん取れればそれもよし

樹齢12年４本の働き盛りのモモ、日川白鳳の収穫も今日で終わりとなる。早生種であり、病害虫の被害も少なく、少々小ぶりながらもたくさん収穫できた。日川白鳳の摘果時期は、リンゴやブドウのさまざまな作業と重なり、今年は摘果が十分できず、小ぶりの実しか収穫できなかった。

小ぶりながら、１２００個ほどのモモの収穫期間は二十日程度であったが初物であり知人友人の多くにも大変好評であった。

7月4日(木)
10:00～19:00

果物との交換はモノだけではない

今日もそれぞれの果物の手入れをこなす。この時期は果物が順次熟し、収穫を楽しめる時期でもある。

勝谷さんには自家栽培の矮性ひまわりのポット仕立をご持参いただく。中村（丈）さんには倉庫の板戸敷居の補修をお願いした。そ

6月1日

6月10日

して両友にはモモの手土産を喜んでお持ち帰りいただいた。

瀬戸ジャイアンツは房の肥大を願い、今日も粒揃《つぶぞろ》えが続く。

武井白鳳は日川白鳳よりグッと大玉に成長する。熟度の遅れている武井白鳳には、蛾の被害にあわないよう袋をかける。

柿の太秋はとっくに摘果時期は過ぎているのだが、実が肥大すると枝折れのおそれがあり、摘果を今日行う。

7月5日（金）
6:30〜16:30

自然を相手にアートを楽しむ　ブドウの粒揃え

瀬戸ジャイアンツはハウス内に大小の房が1300房ほど育っている。

9月の収穫期を迎えるまでに、1粒1粒の実が大きく育ち、その結果として、ボリュームのある房に仕上がることを願い、次のような作業を行う。

左手にそっと房を持ち、房の中で深く育っている粒は専用ハサミで除去し、粒と粒が接しすぎている粒は間引き、充実した大きな房を想像しながら粒揃《つぶぞろ》えする。

それはあたかも芸術品でも創作するかのように、じっくりと夢中になりながらの作業である。

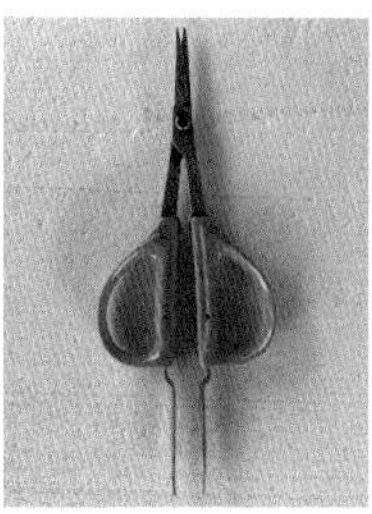
粒揃え用のハサミ

7月4日粒揃《つぶぞろ》え

7月12日

10月12

ゴルフ場のグリーンを目指し農園内を除草する

7月6日(土)
11:00〜17:30

ブドウ粒揃《つぶぞろ》え

退職後に時間ができ、果物作りを体験したいという人が増えている。佐々木さんもその一人。農家育ちの佐々木さんは、園内の空き地で野菜の栽培をされていて、白菜などの葉物野菜の栽培がうまく、よくおすそ分けいただく。

そんな佐々木さんが育てている果樹は安芸クイーンというブドウで、野菜と違った栽培にすっかり魅了されたよう。

農家育ちということもあり、雑草との闘いにも覚悟があるようで、園内の除草を1年を通じて手伝ってもらっている。

農園内をゴルフ場のグリーンのように管理したいという思いを汲み取ってくれる、非常に心強い仲間である。

安芸クイーン

ブドウの粒同士が競り合うと ハサミを入れるのは一苦労

7月10日(水)
6:00〜13:00

あわてず焦らず根気よく　ブドウの粒揃え

ブドウの粒揃えと人生は一緒で、焦っていいことなどほぼない。ひたすらに根気よく丁寧に行なうことで、大きく立派な実をならすことができる。

とはいっても日に日に粒は大きくなり、実の間にハサミを入れる作業は難しいものがる。あせって隣の実に傷をつけることもしばしば。多少傷をつけたとしても、次の作業は袋をかけ。隠してしまえば見えることもない。と言い訳もうまくなる。

7月12日(金)
11:00〜15:00

赤いほうずき

今年も駐車場周辺のブドウ棚の下のほうずきは、赤い実を多数つけている。半《はん》日《ひ》陰《かげ》を好むほうずきは、ブドウ棚下は相性が良いのか葉の色も良く、赤い実が映える。

放っておくと実はヤホシテントウムシがレース状に食害する。常

瀬戸ジャイアンツは粒が真珠大に成長したら、一房の粒の数を30〜40だけ残し他は間引く

に実や葉裏を観察し、害虫が発生したら捕殺することが重要である。

来園者達はほうずきが欲しいようだが、「やはり野に置けほうずき」と柔らかくお断りし、これからの多くの来園者に楽しんでいただくことにしている。

7月14日(日)
10:00〜15:00

ブドウの袋かけ

瀬戸ジャイアンツの粒揃えを終えた房に袋をかける。このブドウの袋は「窓あき」といって、袋の一部が透明に加工されている。そこから中のブドウの成長具合を観察でき、病害虫の被害から守る優れものである。

袋かけが済むと、成長旺盛なブドウのつるが伸び放題になり、葉が重なり陽当たりや風通しが悪くなり、良質ブドウの生産の妨げとなる。8月中まで週に1度のペースで枝切り作業を行う。

ブドウ棚の下のほうずき

瀬戸ジャイアンツに袋をかける

美食家のカラス　ヒヨドリ　イタチだからこそ わが農園を目指す

7月15日(月)
7:00～18:00

防鳥ネット張り

農園のモモの中で、清水白桃の樹は大きく高く育っている。この品種は山近く、カラスも立ち寄り易い場所でよく育つ。カラスたちも生活がかかっており真剣である。

高さ5ｍもある大きな樹の先まで、背の低い女房と二人で防鳥ネットを張るのは一苦労である。

隣の金月さん宅裏の電線上では、4～5羽のカラスが、私たち夫婦の手際の悪い作業状況をじっと見守っている。

あの老夫婦もそろそろ帰る時間かなと、お腹を空かして待っているのだろうか。

カラスやヒヨドリやイタチも美食家であり、農園に集まって来るのは、鳥獣達に魅力ある果物が生産できているからと密かに思う。

イタチ

ネット張り

収穫時の半月前ナシに甘みが出たらカラスはもう待ってくれない　テグスを張る

7月17日(水)
7:00～14:00

モモの出荷

ナシ幸水、百枝月《ももえづき》が8月には食べ頃になる。収穫半月前ともなればナシに甘みが出、カラスはもう待ってはくれない。

ナシをカラスの食害から守るため、カラスが嫌がるテグス(釣り糸)を張ることにした。カラスは賢い鳥である。糸を棚の上に数本張り、周りにも数本回すことで飛んで来たカラスは、透明(黒糸も効果がある)な糸に危険を察知し果物に近寄らないようになる。

帰り際、モモ武井白鳳を収穫し、配達の依頼を受けている二人に送るための荷作りをし、運送会社に持ち運んで発送を終える。

運送会社では宛名を手書きすることなく、端末に1度入力すれば次回も利用でき、送料も割引になる。果樹栽培過程でも、工夫次第でいくらでも省力化はできるのではと思う。

ナシ(百枝月)

7月22日（月）
11:00～14:00

防鳥ネット張り

ブドウ藤稔は大粒で房も大きく、糖度も高く見栄えが良い、ファンの多いブドウの品種である。この品種の難点は、9月初旬には、房から粒が離れ落ちること。脱粒を行う。7月下旬には房の中の粒は色付き始め、カラスは袋で覆われた中身の熟し状況を察知、襲撃を始める。それを防ぐにはブドウ棚全体を覆い、防鳥効果を上げることが大切だ。

ネットは2人で張れば効率も良いため和子の手を借りる。モモなどの独立樹には、樹の全体を覆うようにネットを張るが、ブドウの場合、棚と支柱があるため、棚の上部全体にネットを張り、次に棚の周辺4面を張ることになる。

賢いカラスはネットが少しでも空いていたら入り込み容赦なく袋を破り食べまくる。

カラスは袋の中の熟し具合をいち早く察知し襲来
防鳥用ネットをブドウ棚に張る

次に使用するときまでネットを保管

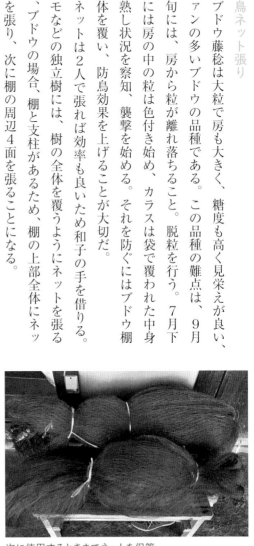

果樹栽培の気付け薬
年数回訪れる隠れ家の酒楼

7月24日（水）
7:00～15:00

気付け薬

作業後の一杯は格別である。年来の友人と酒を酌み交わす行きつけの酒楼は先代の頃からのなじみの店で、夕方6時からすでにカウンターには数人の客がコップを傾けている市内の隠れた名店である。

先代の親爺は、店に入り勝手にカウンターに座ろうものならこっぴどく叱られる（座る席は親爺が指図する）。どっちがお客かわからない。しかし絶品の「ほっぺ」と「たん」を食べるため、狭い路地には長い行列ができる。大手の電力会社の社長も若いころは通っていたという。今の二代目は優しく、訪れる時は瀬野の果物を手土産にのれんをくぐる。「ほっぺ」も「たん」もボイルか炭焼きを秘伝のたれにつけて食べる。テーブルの上にはちぎりのキャベツが大笊《ざる》に入れておいてある。分厚い肉とこのキャベツの取り合わせが最高で、ビールのビンのふたはおのずとあく。数年前はレバ刺しがあり、少しの

胡麻油を秘伝のたれに垂らして食べる。この時は必ず銘酒加茂鶴の2合入りの熱燗になる。この相性も最高である。ここは果樹栽培の気付け薬にと、年に数回訪れる隠れ家でもある。

7月26日(金)
7:00〜15:00

モモの袋かけ

定期的に障害者就労支援（障害者就労支援法の中で雇用契約と福祉契約を結んで働く場を促進している福祉事業）として若者が月に5〜6回のペースで、果樹栽培のお手伝いをしてくれる。

市内から遠路の来園となり、おのずと作業時間は短くなる。今日は5名でハウス内の草を1本1本根気よく抜く作業をこなしてくれる。お昼前にモモの樹の周りに行き、モモの収穫を体験してもらう。その後、弁当を広げ、自分が収穫した初物のモモを食べると皆さんの頬は自然に緩む。1時過ぎには作業を終えたのでまたよろしくねと、お帰りいただく。

我々5名は瀬戸内白桃の袋かけである。瀬戸内白桃は8月中旬に収穫できる晩生の品種で、果実は大きく糖度も高いモモである。

熟したモモを袋から出すと日照を袋で遮っていた黄金色をしたモモが顔を出す。

モモの袋かけ

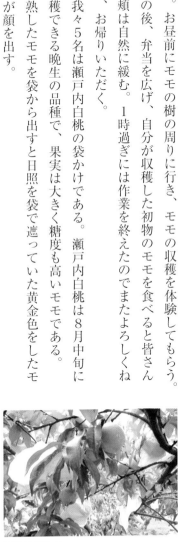

果樹の苗木の植え方のポイント

植付ポイント

植え付ける場所は、水はけが良く陽当たりの良い場所。植え付け時期は落葉果樹（モモ、リンゴ、ナシ、ブドウなど）は11月から3月。常緑果樹(ミカン、ハッサク、キンカンなど）は3月が適期である。

良い苗木のポイント

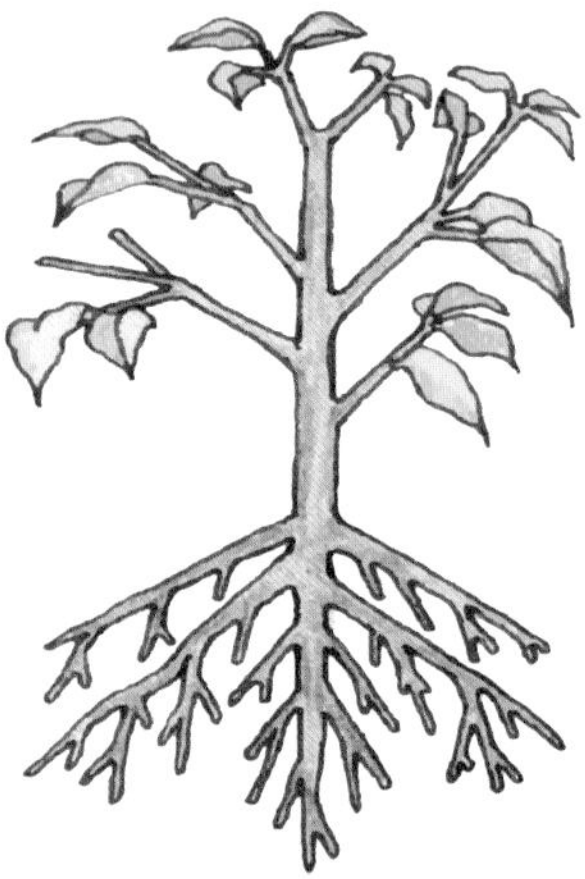

①幹が太く充実し、芽がよくついている
②まっすぐに太く長く伸びている
③根は細く多くついている
④病害虫に侵されていない
⑤できればポット苗がよい

根切り

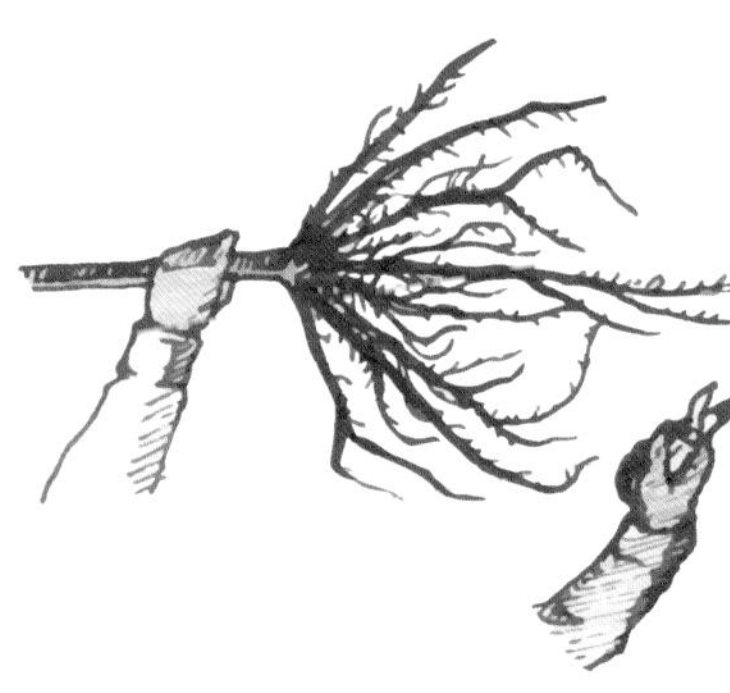

根付きをよくするため根先を切り詰める

苗の植え付け

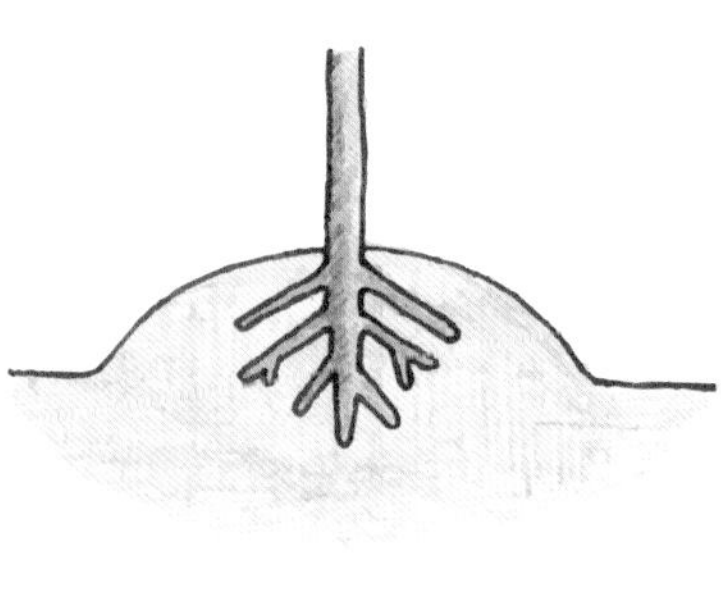

①苗の植え付け場所は土を直径1m～2m、高さ30～50cm盛る
②植付は苗の根を広げ深植え（根際まで土をかける）にならないようする
③植えた後根際を軽く踏みつける

庭に苗を植える際の周辺図

果樹の苗を植え付ける場合、果樹は将来大きくなるので塀などの障害物から2mほど離して植え付ける

水をしっかりかける

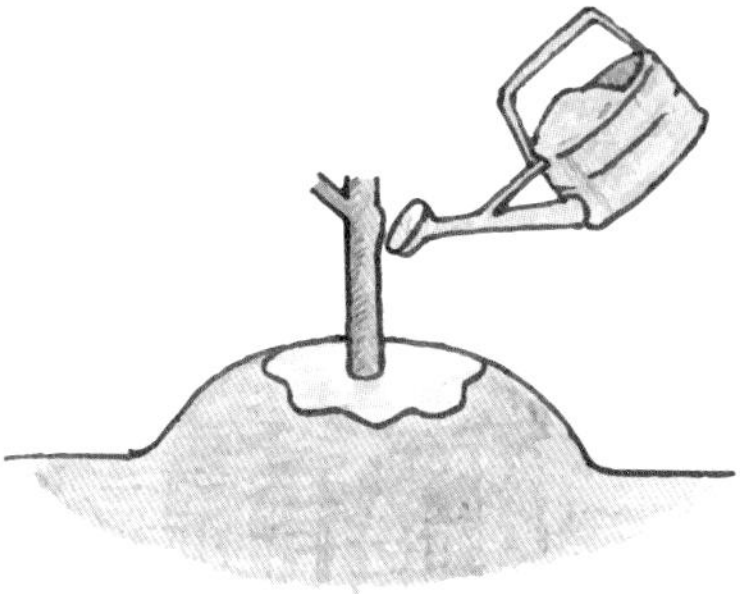

果樹苗は植え付け時（11月から3月）しっかり水をかけるとその後、水をかけなくても根付く

剪定

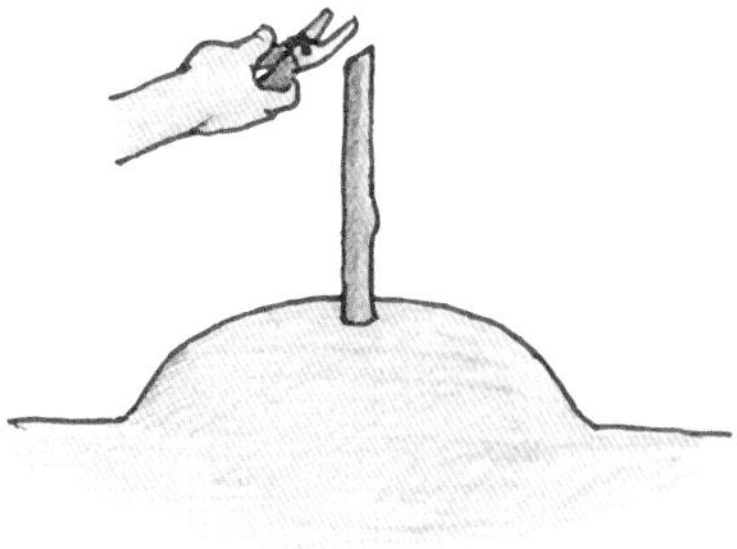

植え付け後、苗木を50〜70cmの高さに剪定する

支柱

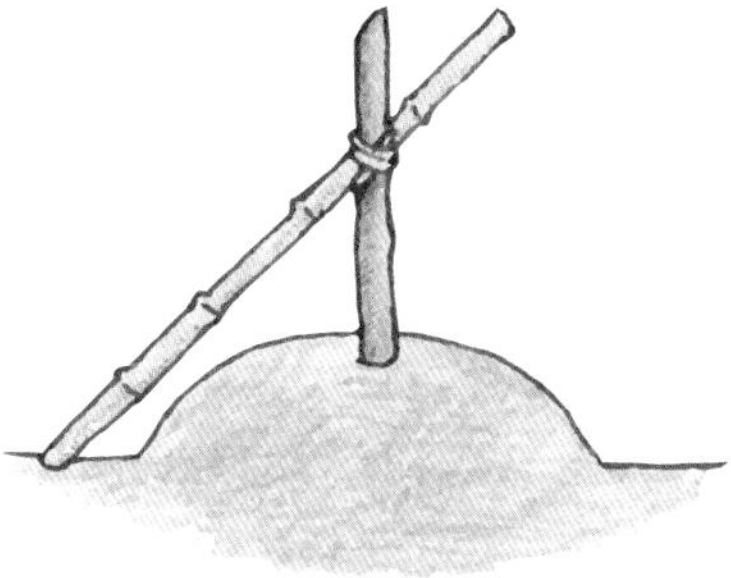

植え付け後、苗木が倒れないよう長さ1.5mの支柱を50cmほど土に打ち込みしゅろ縄などで結束する

'19 8月

1年を通じての作業結果が今月開花

農園に住みついたカラスやヒヨドリ達と知恵比べより根比べが始まる

8月1日(木)
6:30〜15:00

食い散らかされた跡を見て 防鳥ネット張り

朝の8時に農園に着くと頭上には食事を終えた数羽のカラス。「今年も美味しい果物をありがとう」とでも鳴いてくれれば、少しは彼らのために分けてあげようかと思わなくもないが、足元に散らばる房掛け袋と食い散らかされたブドウを見ると、そんな気持ちは少しも湧いてこない。

せめて行儀よく食べてくれればと思わないでもないが、鳥によって食べ方も違い、ヒヨドリは5〜6羽でやってきて几帳面に食事をする。

賢いといわれるカラスだが、食べるための知恵はあるが、お行儀面ではヒヨドリに軍配が上がる。

鳥の被害を防ぐためには、袋を二重にするか、ネットで覆ったり、テグスを張るなど労力を要する。頑丈に張ればそれを撤去するのにまた手間がかかり、知恵比べというより体力勝負である。

モモが熟するとブルーの強力ネットを張る。太陽の光、風を透しやすくするためネットの糸は細くできている

若者達に手伝ってもらったおかげで
モモとリンゴも大きく育った

8月3日(土)～4日(日)

世は変われど自然は変わらず　袋かけ

リンゴ、モモもたわわに実り大きく成長すると、脚立を使用しなくても十分に手が届く。夏の強い日差しも、葉が多く茂った日陰を探し、手伝いの若者たちもそこに集まって袋かけ作業をする。

果物は木枯らしの吹く寒い時期にしっかりと根を張るので、春には一斉に花を咲かせ、忘れることなく多くの実のりが期待できる。

移ろい厳しい世にあっても果樹は「努力すれば報われる」素晴らしい生き物である。

「努力すれば必ず報われる」
信じて今日も励む

ナシ

リンゴ

モモ

ミカン

藤稔

瀬戸ジャイアンツ

おいしい果物が次々に熟し
カラス達も大喜び

8月8日（木）
6:30～14:00

特製大袋の袋かけ

藤稔が見事な大きさに実った。このブドウは房揃えせずとも見栄えの良い房にでき上がる。ただ収穫時期になると通常市販されている袋を破るほど粒が肥大することもある。その時は新聞紙を張り合わせ覆う作業を行う。

来園者がそのつぎはぎされた大袋を取り外すと、大粒の房に目を丸くして驚く。

藤稔の房が大きく育ち、市販の袋に入らないため新聞で袋を作り掛け替える。来園者には大きい房が人気である

8月10日(土)
7:30〜15:00

ブドウの収穫

まさに撫でて育てる撫育栽培をしてきた瀬戸ジャイアンツが、いよいよ収穫の時期を迎え、私の期待もふくらむ。

11月初旬には淡くて黄緑色に色づき、糖度がグッと増す。

この高級ブドウは、イチゴ感覚で皮ごと食べられるので、市場価格は1房6000円程度にもなり、近年非常に人気がある。

撫育栽培のすばらしい成果を目のあたりに…

園では2000円程度におさえ大人気

出荷までの作業は時間を要するが楽しい時間でもある

8月11日(日)
8:00〜14:00

果物は箱入り娘　果物の収穫

収穫したモモは表面が傷つきやすいので手袋をはめて収穫し、倉庫に持ち帰る。傷は無いか、形の大小も選別し、それぞれをネットで保護し、箱に詰める。

リンゴ、ナシは収穫後、倉庫に持ち帰りキッチンペーパーなどで、果物の表面の汚れを取り、形の大小を選別、ネットで保護し、果物トレイに入れラップをかける。

ブドウは収穫後、倉庫に持ち帰り、ブドウ専用ネットで保護し、トレイに入れラップをかける。

これらの作業が完了した後、シールを張り果物用トレイに入れ出荷する。この作業は暑い時期でもあり、結構時間を要する作業になるが、楽しい時間でもある。

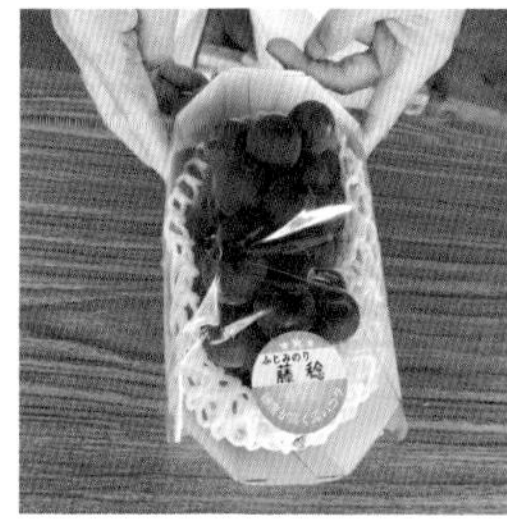

モモ、リンゴ、ブドウの出荷準備

駅前サロンの参加者に果物作りの大変さと楽しさを話す

8月14日(水)
8:00〜13:00

箱入り娘をひな壇へ　果物の収穫

瀬戸ジャイアンツ、マスッカトベリーA、瀬戸内白桃を農協等の特別コーナーに出荷。

この時期特別コーナーにはキウリ、ナス、トマト、小松菜などの季節の野菜が山と出荷されており、スペースを確保するためには、早朝収穫し、できるだけ早い時間に店頭に並べるよう努力する。

自分が作ったものを
喜んでもらってくれる人たちがいる
そこに笑顔の花が咲く
何物にも代えがたい喜びがある

左から瀬戸ジャイアンツ、マスッカトベリーA、瀬戸内白桃

8月18日(日)
9:00〜15:00

果樹園ではちょっした青空セミナーを開催

ブドウ棚の木漏れ日の下で、研究調査で広島を来訪中の、明治大学教授倉本宣先生から「生物の多様性」について、果物をトッピングしたピザを食べながら、お話をお聞きする。先生から参加者へ「絶滅危惧種に出会ったらどうしたらよいか」との問いかけがあった。

4時から恩師東大名誉教授丹羽鼎三先生の指導により昭和20年の枕崎台風で紅葉谷川が氾濫崩壊した後、大きな自然石を活用し自然景観護岸として、昭和25年に復旧完了した、名所、紅葉谷川を案内する。

ブドウ棚の木漏れ日の下で

農園の中の生物多様性

地球温暖化抑制の一歩を夢見て

農薬散布を可能な限り抑えた果樹栽培を心がけている農園には、目に見えるだけでも多くの生き物が生息している。

①都市部では見ることの少なくなった二ホンタンポポも、旺盛に咲く外来種のタンポポの傍で自分の存在を誇示している。

②一年を通じ、小鳥は果樹の毛虫や果実をついばみ巣を作り、夏にはセミやカブトムシが美味しいモモの香りに誘われて飛来してくる。

③草地栽培の園内にはヘビ、トカゲ、カエル、数多くの昆虫。隣の休耕田からは、イノシシ除けの柵をくぐり抜け、ウサギ、タヌキの来訪はしばしばである。

④地下には土壌を耕してくれるモグラやミミズ、オケラなども生息する。

果樹を植え育てることは、大げさでもなんでもなく地球温暖化の抑制につながり、多くの命を育むことである。

子どもは大人の鏡でもある
いつまでも自然を楽しめる大人でありたい

8月25日(日)
8:00～15:00

子供達の将来のためにも　ピザ会

お互い見知らぬ家族であっても農園に来ると、果物狩り、ピザ焼き体験など楽しい時間を過ごせば、すぐに打ち解けられる。

子供達は自然豊かな農園で、転びまわって草むらのカエルやバッタを捕まえてたりして一日中飽きることなく遊んでいる。

都会にはない自然の中で、全身の感覚を開き遊ぶ経験は、必ずゲームなどの体験より身体を通して記憶に残り将来の糧となる。そう願っている。

自分の農園作りは、果物を育て販売するだけでなく、子供達が少しでも日常とは違う体験ができる場を作ることも重要と思っている。

子供は大人の鏡でもある
いつまでも自然を楽しめる大人でありたい

家族でピザ焼や果物狩りを楽しむ

発送依頼者の思いをいかに箱に詰めるか考えながら果物の荷造り

8月27日(火)
8:00〜15:00

■真心を込めて　ブドウの収穫

瀬戸ジャイアンツ藤稔の発送依頼を受け、収穫荷作りし、ヤマトに届ける。ほぼ無農薬に近い栽培手法を取っているが、特別そのことを表示してはいない。でも購入者にはきっと喜んで食していただいていることと思う。

最近では負担いただく送料が高いこともあり、発送依頼下さった方の思いを中身にいかに詰めるか、即判断しての荷作りである。

果物を
もらう喜び　あげる喜び　作る喜び
喜びはつきない

贈答用の藤稔

農園よもやま話

❶農作業はたまには苦痛ではある。しかし、大空の下、爽やかな風に当たり一日を終えると達成感が体中にみなぎる。心も若返る、自然のエネルギーである。

❷家族連れの来園者が収穫したばかりのモモ、リンゴ、ブドウなどにガブリとかじりつき心から〝美味しい〟と叫ぶ声を耳にする時、感動のエネルギーが全身を駆け巡る。

❸園内では焼き肉会、焚火会、食事会を行う。ハウス内で手間暇かけ育てた高級ブドウ瀬戸ジャイアンツを、足元もおぼつかないほろ酔い加減の来園者が上手に収穫してくれるか、ハラハラドキドキもする。まさに農園でのエンターテインメントである。

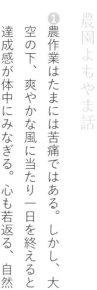

❹❺手作りのハンモック、ブランコは蔵の無垢の梁を利用して備え付けている。夏場ブドウ棚を前に昼寝にも利用するが、子供達が喜々として遊び、心からくつろぐ姿を見るにつけ、私も同じ気持ちなることができる。さまざま人生を送ってきている大人達、未来ある子供達それぞれみんなが、この農園で心からくつろぎ、はしゃぎ、時には酔っぱらい笑顔で過ごしていく。その感動を分かち合えることこそが、生きるだいご味であると感じる日々である。

❻モモの剪定後の枝にはモズが刺したカエルの生贄を度々みかける。余り気持ちの良いものではないが、くちばしだけで刺したと想像すると、すごいの一言。

❼いいことなのかわからないが、妻、和子の仕事着姿も多少サマになってきた。

農園の四季　秋

ブドウ瀬戸ジャイアンツは雨に弱い露地栽培だと
この時期にはブドウの葉は落ちてしまう。
葉は来年の実をならせるため
栄養を幹に貯めるために晩秋まで働く。
ハウスのおかげでブドウの葉は黄色く色づく

'19 9月

実りの秋に誘われて
人々は果物とたわむれる

農園の果樹栽培を通して多様な知識と経験が自ずと身につく

9月1日(日)
8:30〜15:00

共に作業する喜び　ブドウの収穫

秋にもなると雑草の伸びも随分と落ち着く。収穫を楽しむ来園者が増えるこの時期は、できるだけ雑草のない美しい農園を見せたいので、フェンス周りの草刈り機が使えない場所は、手で引っこ抜く作業も欠かせない。

しかし一人ではとても管理しきれないため、来園者の方々にもお手伝いいただくこともある。果物の収穫とは違い雑草は喜んでとってくれるわけでないが、身体を動かし汗かきみんなで作業することできれいになったという達成感もあり、みんな元気いっぱいに手伝ってくれる。

果樹たちも、たくさんの人達に雑草をとってもらうことを喜んでいるであろう。たわわに実ることで美しい果物達がそれを教えてくれる。

9月2日（月）
10:00〜14:30

イチジクの生命力　イチジクの収穫

イチジクはそのまま食べてもジャムにしても美味しく、なんといっても育てやすい優秀な果樹である。

キボシカミキリなどの被害にあって枯渇することもあるが、2月に剪定を行った枝を近くの土壌にでも挿し木にしておくと5月ごろには根を張り新しい芽ができる。それを枯損した跡に植え付けすれば再生できるので、新たに苗を買う必要もない。

また根の成長力が旺盛なので、植木鉢（30〜40Lサイズ）で育てることも可能である。

9月4日（水）
10:00〜14:30

ブドウとモモの販売

モモは収穫後傷みが早いため、運搬には神経を使う。

果物はやはり見た目が大切なので、できるだけ収穫直後の状態を保つように気をつけている。

一方、ブドウは長期保存が可能で、瀬戸ジャイアンツは大きな房に育った場合、房の軸を2ヵ所で切り分け、小さい3つの房を作り、手軽に買い求められるように工夫している。

果樹栽培でつながるご縁　実りも豊かに　喜びも大きく

9月7日（土）
9:00〜16:00

小屋での集いは尽きない　ピザ会、焼き肉会

今日は悠歩会（広島の公立病院のＯＢで医師、看護師、妻和子、事務職の方など）の７名の方たちが、ＪＲ山陽本線、瀬野駅から歩いて20分かけて来園。

お昼はピザ、焼き肉、そうめん流しを準備した。悠歩会は既に30年も続いているそうである。ほとんどの来園者には購入された果物以外に、その時々の果物を差し上げる。この時期は駐車場周りのベリーAをお渡ししている。ベリーAも種無し栽培である。

午後は友人の坂口、大下氏の２名と市内から中村夫妻も見える。果物狩りのほか、小屋のテーブル、ブドウ棚の下のテーブル、蔵のひさしの下のテーブルと、勝手にお座りいただくも果物の話でそれぞれが打ち解け合っての食事やおしゃべりが尽きない。

食事とおしゃべりが尽きない

9月8日(日)
9:00～16:00

障がい者支援も視野に　果物狩り

今日も9名の方達に果物狩り、ピザ焼きや焼き肉、そしておしゃべりも楽しんでいただいた。

井上さんは就労継続支援A型サービスを主催されている会長で、日頃から農園として大変お世話になっている。山本さんは「沙羅の森」という喫茶店を経営、多くの障害者支援活動をされている。ご両人とも障害者支援に深く貢献されている方である。

9月9日(月)
10:00～16:00

たくましく続くハンバーグ店　ブドウの収穫

海田町で「野菜畑」というハンバーグステーキ店を営んでいる、和子の従弟の見勢井（正）さんが、ハンバーグを片手に来園され、お土産としてブドウの三種をお持ち帰りいただいた。

開店当初義母《はは》が5年は続くかね、と多少心配されていたそうだが、見勢井夫妻の努力で20年続くハンバーグ店になった。和牛肉100%のハンバーグはおいしいこともあり、最近ではかなり名が知られているハンバーグ料理の専門店である。頑張ってほしい。

久し振りに会った来園者達のおしゃべりがはずむ

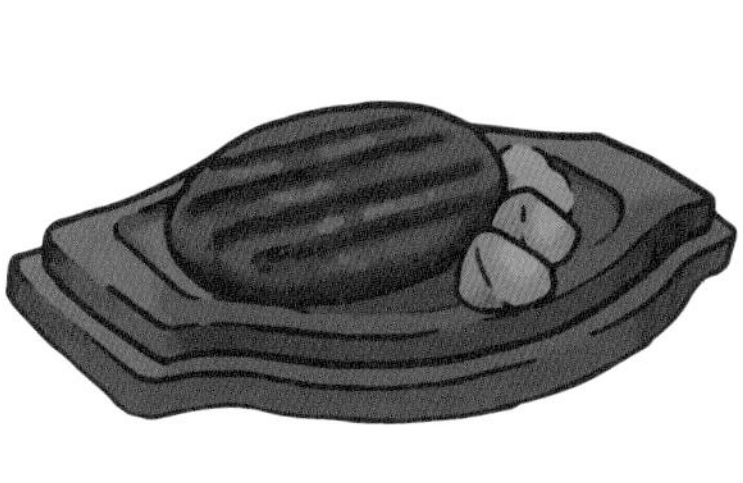

和牛100%のハンバーグ

農園の作業は心から毎日が遊びだと思っている

9月14日(土)
10:00〜15:00

孫達と

今日は孫二人をマンションに迎えに行き、農園で一日中遊ぶことにしている。

私は農家の生まれで、父や母の手伝いが常であった。辛いことも多少あったものの、今思えばその体験が現役時代を含め、現在の果樹栽培にも、暮らしにも、大いに役に立っている。

農園は果樹栽培を通し、多様な知識と経験をおのずと学べる場である。

土、空、空気、水、雨、風、雪、そして天気、季節、暑さ寒さ、花、植物、鳥、虫、動物と自然の多くが私の先生である。

だからことあるごとに4人の孫達に果樹栽培を体験させるように努力をしている。

それはわが家の孫達だけでなく、訪れた多くの子供達にとって、農園の樹や花、カエルなどの小動物にふれ、周辺を流れる側溝の水

流しそうめんで使う竹

廃材を利用したベンチ

で遊び、手作りのハンモックやブランコの遊び道具にふれ、自然の中で体験することが、大げさに言えば大人になってからの発想力の源になるのではと思ったりもする。

私は帰りの車の中で、いつでも手伝ってくれる、和子や康子さんにご苦労さんでしたと声をかける。

そして心から「今日も楽しかったね」というと二人はシーンと黙る。二人が私のこの境地に達するにはまだ時間がかかりそうである。

焚火

ハンモック

ブランコ

9月21日（土）
10:00～17:00

防鳥ネット張り

就労支援の若者5名で、リンゴのネット張りを行う。リンゴふじは10月下旬には色づき食べ頃になる。賢いカラスは収穫前の果物を待ちきれずに食べに来る。

早く熟し始めた樹の1本に強力防鳥ネットを樹幹全体に張る。樹高が大きく育ったリンゴの樹で、脚立を使用しないと張るのは難しい。6名がリンゴの樹を囲んでの作業である。

9月24日（火）
10:00～14:30

ビルの空き地でも果物販売

デイサービスの「赤とんぼ」のビルの空き地で、毎週木曜日に野菜市が開かれる。野菜は加計町から高木農園の高木親子が運んで下さる。うちの農園の果物もたまに参加する。高木さんには農園の果物を加計町に持ち帰って、店頭で販売をしてもらっている。

今日はブドウの3種類を収穫し、「赤とんぼ」と高木農園の両方で販売してもらえるだけの量の果物を「赤とんぼ」に持ち運んだ。

果物はその年の気候により収穫時期は微妙にことなる。「早めの収穫を避け最適の熟度」に達した果物を、それぞれのお得意先に届けることで多くの方達が喜んでくれる。

季節の果物を箱に入れてお届けする

防鳥ネット

9月27日（金）
10:00～16:00

本当の知識は培ってきた努力にある

私の友人の一人である建築学者（安田女子大学元教授）の金堀さんは、団地の造成で残った法面に生えているナラやクヌギを活用し、ツリーハウスを建てている。空き地には薪を利用して焼けるピザ窯もあり、なんでも器用に作る才能の持ち主である。

そんな金堀さんは、残りの土地を利用して果樹栽培をしているのだが、果樹栽培に関しては少し先輩である吾輩に、栽培方法の相談をしに来ることがある。それが嬉しい。

楽しくも地道に日々培ってきた果樹栽培は、誰にどんな相談をされても、自分の経験を通してしっかりと伝えられるものであることは間違いない。

SDGsがもてはやされているが
果樹栽培はまさにモノも人も
持続可能な楽しさと喜びにあふれている

野菜市にわが農園の果物も参加

果樹栽培と就労支援の若者達

8人乗り乗用車が10時過ぎに農園に着くと職員と6名の若者が「おはようございます！」と元気に挨拶をしながら車から降りてくる。

私も「おはようございます。今日もよろしくお願いします」と挨拶をする。

彼らは、さまざまな障害を抱えているが、週に1～2回農園に足を運んでくれている。

いつもの通り小屋に弁当などの荷物を置き、集まった若者たちの顔は今日も晴れやか。彼らが来園する日は、不思議といつも天気が良い。

この日は、彼らが寒い日にも行った剪定枝の整理、春の除草、初夏のモモの袋かけ、ハウス内の除草、野鳥除けのネット張りと1年を通じて果物を育てきた成果を受け取る日である。

自分達で育てた赤く色づいたリンゴを収穫する喜びは、何事にも代えがたい喜びがある。

楽しそうな作業姿の彼らと一緒にいるこの時間、果樹の栽培を続けて良かったと思う瞬間でもある。

引率職員の話では、日頃の作業は室内で食品の袋詰めやビルの清掃が主であるそうだ。

日常の仕事とは違い農園の作業は、暑さ寒さを嫌でも実感できる。日差しや風に触れ、広々とした緑の中、雑草が茂った起伏のある園内を歩くことは心が解放されるであろう。

ましてや果物を自分で収穫しパックに詰める作業は、心を癒すに違いない。

職員の話では、彼らは農園の作業を楽しみにしていると言う。

そう聞くと、本当に嬉しい。

彼らは真面目に根気良く作業をこなしてくれる。果物作りは自然相手であり、見るもの触れるもの一つとして同じ物はない。日常の単調な作業から解き放される一時(ひととき)でもある。

自然の中での作業の楽しみを体得することで、人生の次のステップを踏む一助になればと思っている。

作業を終えた帰りに、お土産として収穫物を持ち帰ってもらう。次に訪れた折、「おばあちゃんが、モモ、美味しかったと喜んでくれたよ！」、「お母さんが、〝ナシおおきいね～〟って言ってたよ！」と彼らが報告してくれる。

彼らの言葉に私は自然と、「今日も果物が美味しく育つように君たちも頑張って下さいね」と心から願う。

都市には公園や緑地がかなりの水準で整備されているが、都市近郊に市民が手軽に訪れられ果樹栽培が体験できる果樹園は少ない。

大規模の果樹園栽培とは異なり小規模の農園で生計を立てるのは困難であるが福祉事業との共生は難しいことではないと思う。

昨年春から広島市の外れの休耕地約1haの土地を果樹園にしたいと要望が有り、多少役に立ちたいと思い相談にのっている。依頼者は耕作放棄の田畑に果樹を植え、若者や老人が空き家を活用し遊びながら作業ができる場を創りたいとの夢をお持ちである。

このような「農福連携」ともいえる果樹園を中心とした場が各地にでき「お年寄り」「子供達」「障害者」が学び、遊び働く場が行政に頼ることもなく実現することを期待している。

就労支援の若者は黙々と作業をする

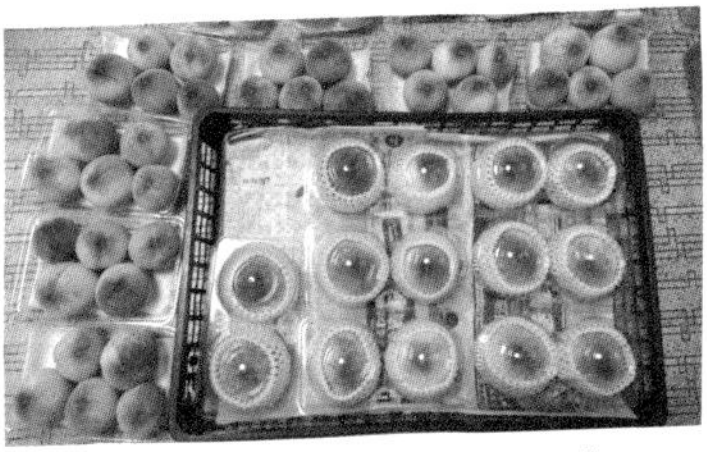

観音台団地の魚市場にモモを出荷

'19 10月

モモからブドウ、ブドウからリンゴへと 実りの秋は移って行く

カラスの大好きなイチジク被害を防ぐため防鳥ネットを張る

10月2日（水）
10:00～14:30

観察と工夫を重ねて　イチジクの収穫

農園のイチジクは、一文字仕立てという栽培方法をとっている。この栽培方法だと、主幹を横に這わせることで面積をとらず、樹高も２ｍ足らずで収穫が容易になる。

イチジクの果実はカラスの好物であるが、樹高を低くすることでネット張りも楽である。ただし、害虫に対しては弱いようだ。減農薬での栽培をしていることもありどうしても虫がつきやすい。

イチジクにはキボシカミキリの被害があるが、被害が拡大する要因の一つとして、幹を横に這わしているためキボシカミキリが卵を産みつけやすくなっているのではないかと推測している。

来園者にも大好評のイチジクの刺身。熟度の若い硬めのイチジクを5㎜ほどの厚さに切り刺身醤油で食べる。程よい甘みと歯ごたえがたまらない

カラスは防ぐも虫は防げず――、そうそう思い通りにいかないのが果樹栽培である。自然を相手にするには、単なる努力ではなかなか結果は出ないが、工夫し観察することでおのずと答えに辿り着き、美味しい果物になる。そうして、さらに楽しんで取り組めるようになる。

10月5日（土）
9:00～16:00

雑草、雑草、また雑草　今年最後の草刈り

園内除草も最終章に入ってきた。３月末頃には月に3～４回は除草し、園内をいつもゴルフ場のグリーンのように管理しようと決意していたが、今年も後手後手にまわり、充分な作業ができずじまい。大きな反省点である。

草の伸びは本当に早い。特に梅雨時は高温であるため、２～３日でも農園を休もうものなら、雑草はアッという間に伸びる。草を伸ばし、その刈草を果樹の根際に堆積し、有機質の補給をする草地栽培手法もあるので、雑草をあまり嫌がってもと思わないでもない。

農園の雑草は夏草だけに終わらず、冬から春にかけても柔らかい春草が生えてくるから厄介でもある。

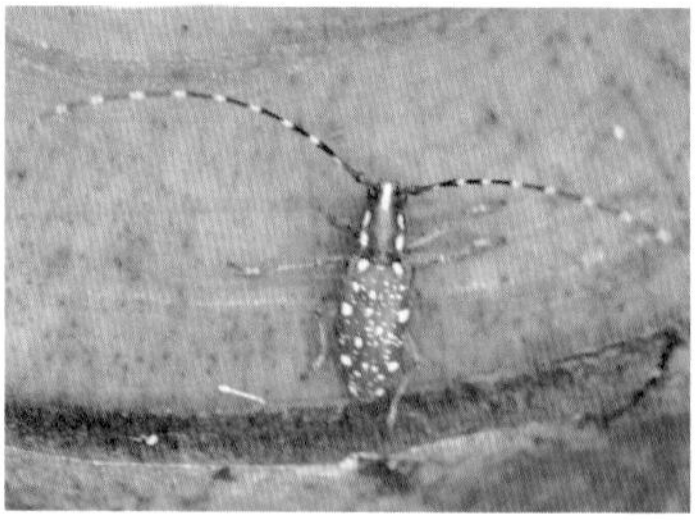

ギボシカマキリ

農園のまわりのコンクリートの側溝に棲むカエル お母さんを困らせるお土産に

10月6日(日)
9:00～15:30

■ 農園周辺除草

カエルは鳴き、お母さんは嘆く

農園の周りにはコンクリートの側溝があり、勾配が緩やかなため泥が堆積する。春から秋には多くのカエルの棲み処(すみか)になっている。

農園に来る子供達は、カエルを恐れる子もいれば、カエルが大好きな子もいる。カエルを何匹も捕まえてお土産代わりに持ち帰る子もいる。お母さんを困らせたのではと……今日は半年振りの側溝の掃除をしながらふと思う。

農園周辺には病害虫の発生予想の判断及び景観の向上を兼ねてバラの栽培も行っている（バラは病害虫に弱いので早期の発生予察に役立つ）。10月は四季咲きバラ（スカーレットクイーンエリザベス、ナエマ、ドリーミング・スパイアーズ、レッドカスケード）が咲く時期である。

道路沿いに咲くつるバラ

彼岸も過ぎ　秋の訪れが急に早まり
土手のソメイヨシノの葉も紅みを帯びてきた

10月7日(月)
10:00～15:00

マスカットベリーAの収穫

今日は就労支援の若者とマスカットベリーAの収穫を行う。駐車場周辺のベリーAは500房程度が実っている。棚の下は駐車場として利用しており、ブドウが早く棚を覆うように育てたのでツルが充実しておらず、ブドウの房にバラツキがあるのが残念である。ブドウには袋をかけてあり、袋の中のブドウの熟れ具合の見分けには若者も一苦労である。

10月10日(木)
10:00～15:00

目印テープ作り

今日は天候が悪いので小屋のテーブルを囲み、来年のブドウのジベレリン処理に欠かせないマーキング用テープの準備作業をお願いする。

作業はハウスのビニール押さえに使用する幅5cmの厚手のテープを利用し、赤、青、黄、緑、ピンク色のマスキングテープを5cmに

多くの駐車を予定しているので、棚の柱は少なくしている

切り貼りつける。利用する時、はぎ取りやすいように、テープの先は5㎜ほど折り返す。張り終えたら、貼り付け枚数を、テープの先にマジックインキで書き記す。椅子に座っての作業とはいえ、非常に根気のいる作業である。しかし、若者達は本当に几帳面に作業をこなす。来年のブドウのジベレリン処理に欠かせないこのテープを大切に保管する。

帰り際、小雨の合間を見て小屋の外に出て、お土産用ベリーAを収穫し土産として渡す。

ジベレリン処理の有無の目印にマスキングテープは欠かせない

10月12日（土）
9:00～16:00

友としての妻　ブドウ瀬戸ジャイアンツを出荷する

朝8時過ぎに和子と家を出る。国道2号線は土曜日とあって、車の往来は少ない。彼岸を過ぎ、秋の訪れは急に早まり、1級河川瀬野川の土手のソメイヨシノの葉もほんのりと紅みを帯びてきた。

何時ものカワウの食事場所に近付くと、助手席の和子にカワウの状況を実況中継させるも、背の低い和子はガードレールが邪魔になり（今日は車の量が少なく何時もより早く通り過ぎる）正確なカワウの状況を中継できない。

カワウは夏海辺で魚を採り生活し、この時期になると河川を生活の場に移す習性があり、瀬野川の河川に居ついている。その数も、10月に入り、日頃よりも数が増えているのではとの思いで、中継を期待していた。

結局、農園に着くまでの数分間社内は静まりかえる。何の答えも聞けないままで文句の一つも言いたくなるが、機嫌を損ねられては今後の果樹栽培に支障をきたすため、じっと耐える。

長年連れ添った妻には、夫婦を超えて友達のような感覚を持っているが、妻はどう思っているのだろうか。

70も超えると、妻には友情を実感する日々である。

グリーンからやや黄色に色づき
糖度もグッと増した
わが農園の高級ブドウを出荷

高級ブドウ瀬戸ジャイアンツ

リンゴふじが赤く色づいてきた 3本の樹に800個ほどの実も

10月16日(水)
10:00〜15:00

落下袋の整理

友達の友達はみな友達だ。と誰が言ったか知らないが、農園に一歩でも足を踏み入れたら、果樹栽培の有力戦力としてカウントする。今日の作業は農園の食害により、ブドウ、リンゴ、ナシ、マルメロにかけていた袋を拾う作業である。袋は風により落下したものもある。

まだきれいな袋でもったいないし、来年用に保存したい思いもあるが、袋には多くの病原体が付着しており、再使用はできない。ゴミとして持ち帰り、ゴミ搬出の日を待って処理する。

カラスが実を食べるため袋をちぎり散乱させる

10月19日(土)
10:00〜15:00

袋の取りはずし作業

リンゴふじが赤く色づいてきた。3本の樹に800個ほどの実をつけている。この時期からリンゴの実に紅く色をつけるため、病害虫を防ぐ目的でかけていた袋を取り外す。

先ず現在かけていた防鳥ネット取り外し、その後一つ一つ袋を除去する。支援の若者が1本のリンゴふじの周りを囲み、男子には脚立に乗って除去作業をしてもらう。これも時間がかかる作業である。若者には丹念に袋を取り作業を進めてもらう。1本に300個足らずの実であるが、1日では到底終わらない。明日もまたこの作業を続ける。袋のかけ忘れで露出していたリンゴは、外観は悪いが既に甘みが出ておいしい。2週間も経てば真っ赤に色がついたおいしいリンゴが収穫できる。

リンゴふじの袋除去

10月20日(日)
10:00～15:00

ブドウジュースを作る

ベリーAのブドウ棚の下でピザパーティーをする。この時期はイチジクがおいしく、フルーツピザを食べるには最高の季節である。

ピザ窯を温める間に、サツマイモ、ジャガイモ、トウモロコシ、ナス、玉ネギなど、その時期の旬の食材を適当に切り、アルミホイルに包み、約30分間窯に入れるとおいしく焼き上がる。

ピザを食べる前のお腹がすいている時刻でもあり、他人同士の集まりなのにみんなすぐに打ち解ける。食べ物は本当に不思議な力を持っていると思う一瞬でもある。

食後は頭上のベリーAを収穫し、テーブルを囲みブドウジュース作りも楽しい一時である。

ボールに房から1粒1粒取って小枝なども取り除き、粒を両手でつぶす。つぶし終えたら、予め百円ショップで購入しておいた広口瓶に入れて持ち帰る。室内温度によっては発酵するので早め早めに召し上ってほしい。

10月28日(月)
10:00〜15:00

カキ太秋の出荷

柿の王様、太秋に条紋《じょうもん》が入り、いよいよ食べ頃になった。この柿は色づくと表面に細い線が入る。既に食べ頃である。渋抜けが早いので少し青いうちからでも食べられる。

富有柿よりひと周り大きく、果汁が多く、糖度も高い。種はほとんど入っていない。シャキシャキ感はナシを食べているようである。

柿は古くから農家の庭先でも植えられていたように丈夫な果物である。3年目には数は少ないが収穫が楽しめるので栽培をおすすめする。

今日は太秋の初出荷となる。

マスカットベリーAでジュース作り

10月柿が熟す

’19 11月

秋深く果物作りも最終章

ブドウは清潔好き 古い葉、まきひげ、カラスの食べ残しはきれいに除去

11月2日(土)
9:00〜15:00

病原菌の越冬を断つための収穫残処理

ブドウはほとんどの品種の収穫を終えた。病原菌に侵されやすいブドウはとにかく清潔好きである。今年の古い葉は勿論のこと、巻きひげ剪定屑などブドウの周辺からきれいに除去する必要がある。まだ落葉は早いものの、収穫後に残っているカラスの食べ残しの房や、落葉などをきれいに除去する作業を手伝ってもらう。

除去したブドウの屑は病原菌の伝染予防のため、近くのキンカンの周囲に撒く。

農園の果樹は秋に収穫を終えたら、次の年、新しい芽が出て果物を育てる準備として剪定を行う。収穫を終えた樹に残っている未成熟の実をきれいに取り除き、他の種類の果物の肥料として利用する習慣が減農薬栽培の基となる。

カラスの食害房

成長不良房

瀬野のリンゴは減農薬栽培
アレルギーの孫に送る友人も

11月4日(月)
13:00～15:00

一つ一つ思いを持って　リンゴふじの収穫

5月にピンクのきれいな花をつけていたリンゴふじが赤く色づき、収穫の時期を迎えた。年によってはすす斑病に侵され、見栄えが劣る年もある。

5月中旬ふじの摘果を済ませ、すす班病の予防としてペンコゼブ水和剤を散布し、直ちに袋かけを行うと、秋の収穫期まで一度も農薬散布してない無農薬に近いリンゴふじの誕生となる。

瀬野のリンゴは減農薬栽培ということで、アレルギー疾患の孫に送りたいと待っている友人もいて、一つ一つ思いを持って収穫をする。

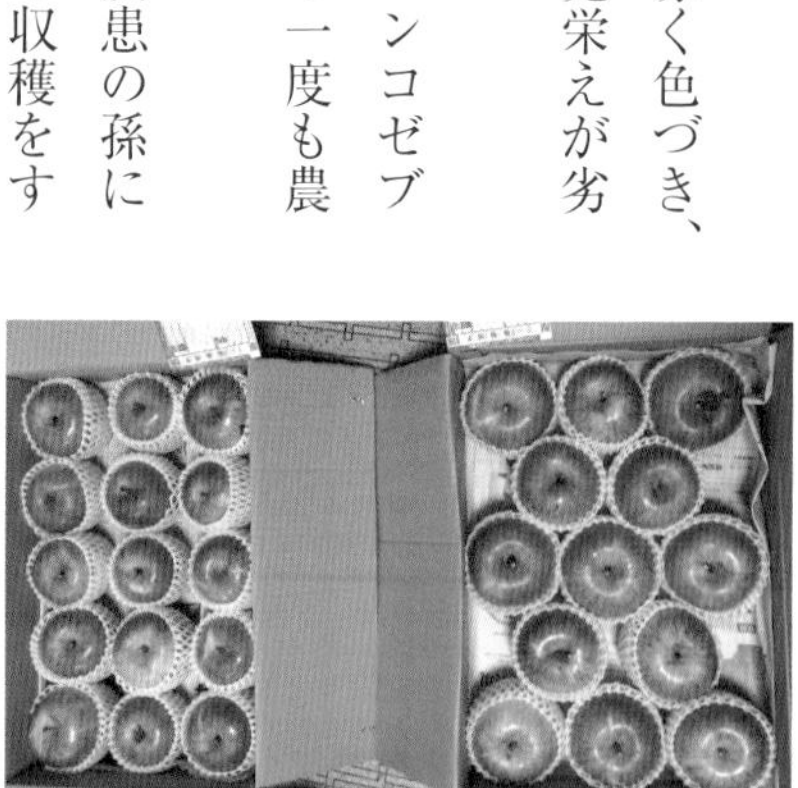

無農薬に近いリンゴふじを出荷

11月8日(金)
13:30～15:30

地主の山下さんは、隠れた農園のヒットメイカー

山下さんが10数年前に菊芋の種芋を農園に持ち込まれ、現在では農園の片隅で随分と強い自己主張をしている。

生命力の強い芋だけに年間では結構な収穫になる。農園ではあまり歓迎されないものの、植付場所によっては目隠しとしても役立つ。この芋はカロリーが低く、糖尿病の予防などに効果があると聞き、わが家では季節ともなれば、スライスし酢漬けしたものを毎朝食事の時にいただくことになる。

山下さんは最近、襞《ひだ》の少ない菊芋を持ち込まれた。何しろ農園の隅々まで熟知されている地主である。

この土地で15年ほどの果樹栽培歴ではとうてい勝てっこないと観念している。

農園開設時から、「これ植える場所あるかしら」と持ち込まれた植物は大切に育てている。キウイフルーツは新たな果樹としては成功の一品であり、5年前に持ち込まれたマルメロはヒット作品である。

この果樹は春の花が素晴らしく、果実はホワイトリカーに漬け、咳止めにも効果があるだけでなくジャムやコンポートなど果樹の加工食品としても真の一品である。

マルメロの実

マルメロの花

一年間がんばってくれた果物達に感謝しつつ園内を見回る

11月9日（土）
9:30～15:00

早期発見が決めて　ゴマダラカミキリ幼虫防除

農園まで所要時間は長い。いつも国道2号線大正交差点そばのセブンイレブンに立ち寄り用を足す。

この場所は国道2号線でも最も交通量の多い交差点の一つである。信号の待ち時間が長いこともあり、セブンへの出入りは何時もスムーズに行く。お昼はサンドイッチとおむすびが定番である。馴染みの客になり、黙っていても手拭きが袋に入るのが嬉しい。

今日も1年間頑張ってくれた、多くの果樹達に感謝しながら、園内の見回りをする。リンゴとイチジクの幹に少しオガクズが出ているのが気になる。倉庫に帰り注入スプレーで処理する。

数年前のこの時期に、モモにヨコバイが大発生したがその後は収まっている。年により病害虫が大発生することもあるので初期に対応することで年間の農薬の使用量を減すことにつながる。

農園の帰りに東雲本町の車のディーラーに立ち寄り、2年目の法

モモの葉裏にヨコバイ（セミの仲間）が発生し葉は葉緑素がなくなり白味を帯びた

定点検を受ける。

車のコーティングで待ち時間が2時間を要するとのことで、近くの半兵衛庭園温泉を案内してもらい、お湯に浸かり庭園を観ながら一休み……

11月10日(日)
9:00～15:00

人生とは蛇口なり

ある時、ふらっと入った喫茶店でトイレを借りたとき、蛇口が錆びついていた。

錆びついた蛇口を見て、〝人生も同じ。体に錆をつけたらいけない。体を動かし、心を働かせていくことが大切なんだ〟と思った。

農機具も、しっかり動かしていれば手入れも簡単で済み、いつでも気持ちよく使える。

人も機械も時間が経ちあちこちガタがくることは仕方のないことだが、いつでも気持ち良くありたい。

そのため日々をいかに過ごすのか。

人生に学びは尽きない。

駐車場の傍に咲いていたサフラン

温暖化の影響か　柑橘類の品質は毎年向上
モモやブドウの栽培は難しくなる

11月15日(金)
13:00～16:00

健康維持のためにも果樹栽培　温州ミカンの収穫

5年前の年の瀬に心臓の冠動脈ステント留置術を受ける。主治医から、これからはしっかり運動しなさい。農園作業もいいねとすすめていただいた。好きな果樹栽培を続けられることに心から喜びを感じている。

今朝のエコー検査の結果を聞き、足取りも軽く、温州ミカンの収穫にとりかかる。

地球温暖化の影響か、落葉果樹の柑橘類は沿岸部より冬季の気温が3～4度低い農園で、毎年品質が向上している。その反動で、ブドウ、モモの栽培は難しくなる傾向が続いている。

温州ミカンの収穫に取りかかる

11月20日（水）
10:00～15:00

最高の友

私の昔の趣味は、ＳＬプラモをつくることだった。なんでも夢中になれる性分で、その時間は楽しい時間だった。

プラモづくりだけでは体力も衰え健康にも気をつけようと、夫婦で遠くの公園まで歩くこともあった。

しかし、果樹園を始めてからは、夢中になるだけでなく幸せの土台が変わったように思う。

実りの達成感、満足感はもとより、夜中にトイレに行きたくなって起きることもなく夜はぐっすり眠れるようになった。妻も私も、昔よりずっと体力もつき、健康に不安を覚えることもない。なにより、たくさんの人が喜んでくれるかけがえのない時間は、心の健康に欠かせないものである。

果樹育ては、私たち家族にとって、美味しい果物を提供してくれるだけでなく、健康的な幸せをもたらしてくれる最高の趣味であり友でもある。

卓上に小型コンロを置き ブドウの小枝を燃やす焚火会にいやされる

11月22日（金）
10:00～15:00

小屋冬支度

落葉の果樹はこれから葉を落とし深い眠りに入っていくが、この時期から春の芽出し期間に向けて剪定、施肥、排水改良と農作業は続く。働いている時間は寒さを忘れているものの昼食時に暖を取るため、小屋の設《しつら》えに風除けのために養生用半透明シートで周りを囲む。厳寒期ともなれば石油ストーブを持ち込むこととなる。

卓上に小型コンロを置き、ブドウの小枝を燃やす焚火会も楽しい。

11月23日（土）
10:30～14:30

油断大敵な健康食　菊芋堀

菊芋は成長旺盛な植物であるが、果樹園としては招ねかざる客である。バラとモモの空地に以前植えつけたのがいつまでも成長し、夏は高さ3ｍ近く伸びる。

来園者によってはきれいな花ですね、とたたえていただくこともあるが、日光と風をさえぎる困り者である。ただ健康ブームの今日

小型コンロでブドウの小枝を燃やして暖をとる

菊芋は8月になると黄色い花が咲く

では菊芋堀を楽しみに来園される方もいる。

11月25日（月）
10:30〜14:30

リンゴ、ブドウ、カキ出荷

ブドウ瀬戸ジャイアンツは8月中旬に収穫する頃は濃い緑であったのが、この時期は淡い黄色に色づき、皮は少し硬くなったものの糖度はグッと増す。

リンゴふじは9月下旬に袋を除去したころは淡い緑であったが、このころは真っ赤なリンゴになる。富有柿も濃い黄色に色づく。今年最後の出荷である。

冷涼な気候を好むモモ、リンゴ、ナシ、ブドウが、温暖な気候を好む温州ミカン、ハッサク、キウイフルーツが収穫できる。

秋晴れの天候のもと自分で育て、さまざまな果物を収穫し、多くの人が喜ぶ秋は最高の季節である。

リンゴ収穫後メジロが一羽

11月27日（水）
10:30〜14:30

農業女子誕生

今日、和子は77歳の誕生日を迎える。農業を全く経験したことのない和子は渋々と仕方なく農園に通った。

春のモモの花にふれ、モモ、ブドウ、ナシ、リンゴ、と秋まで続く収穫の経験をしているうちに、おしゃべりの和子と康子の姉妹は、スッカリ農業女子になった。

二人は農園を訪れてくる多くの人達と出会って、作業の喜び、収穫の喜びを肌で感じている。

80歳までは果樹栽培をしたいと思っているが、その時、和子は81になっている。元気で農園を歩き回る二人を見ていると、こちらの方が後からついて行く日が来るのではと思う。

果物栽培は天候に恵まれず、不作の年もあるが、人を元気にし、楽しませてくれ、年を重ねても続けていきたい遊びである。

11月29日（金）
10:00～14:30

リンゴ収穫

リンゴふじの最終収穫をする。収穫したリンゴは和子の友人の谷口さんからいただいたもみ殻を段ボール箱に入れ、この中にリンゴを詰め倉庫で保管する。わが家の自家用として春まで食卓を飾る。

果物作りは自然からの贈り物
いかに自然と折り合いをつけるか　学びの日々だ

11月30日(土)
10:00～14:30

1年の終わりに

日記により果樹栽培の魅力を紹介した。

この日記は2018年12月から2019年11月までの間、農園で作業した実際の記録である（何かの役に立つのではと思い、途中のセブンイレブンに立ち寄り、昼食の弁当を買った折りの領収書も数年分大切に保管している）。

この一年間は穏やかなふつうの年であったが、前年の2018年7月6日は一級河川瀬野川が氾濫して、日本の動脈の一つ国道2号線の一部が決壊し、車は不通になった。しかし1週間後には仮復旧され通行可能になり、ことなきを得た。

2020年には新型コロナが世界的に猛威をふるうこととなり、農園への来園者もグッと減じた。またこの年は梅雨の長雨と日照不足で早生のモモは例年通りの収穫を得たが、他の品種は収穫直前に落下し殆ど収穫ができなかった。ブドウもマスカットベリーA以外

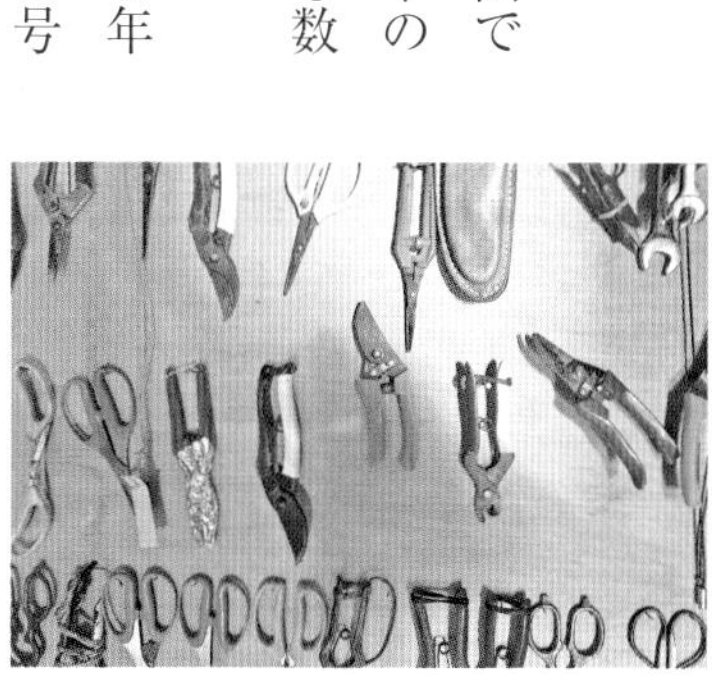

この一年お世話になった道具

の瀬戸ジャイアンツ、藤稔は収穫できなかつた。ナシ幸水・百《もも》枝《え》月《つき》、リンゴふじ、カキ太秋・富有、柑橘類、キウイフルーツは例年並みの収穫を得た。

気候変動の激しい今日、スペースや地域差はあるものの多種類の果物を栽培するのも、リスク回避に役立つのではと思う。

農園での果樹栽培は15年近く行っているが、日当たりの良い南向きであり、この間多くの台風が本州を襲い、また豪雨もしばしばあったものの農園の被害は無く幸運であった。

果物作りは自然からの贈り物である。如何に自然との折り合いをつけながらの栽培となる。

この1年間の作業内容で、何時の時期に何を行うか、ぼんやりと理解していただいと思うが、より深く学びたいと思われる方へ、果樹栽培に役に立つ参考書も紹介しているので書店に足を運んでいただけたらと思う。

2018年7月豪雨で国道2号線の一部が決壊する

果樹栽培で手元に置き参考にしている図書

書籍名	著者	発行所	発行年
果樹栽培の基礎	杉浦明	農文協	2004
最新農業技術果樹 vol4	農文協	農文協	2011
落葉果樹の高生産技術	高橋国昭	農文協	1998
庭先でつくる果樹33種	赤井昭雄	1996農文協	1996
図解最新果樹のせん定	農文協	農文協	1993
だれでもできる 果樹の病害虫駆除	田代暢哉	農文協	2007
福岡県園芸・茶病害虫図鑑*	企画制作 福岡県購買販売農業協同組合連合会	福岡県購買連	1989
リンゴの作業便利帳	三上敏弘	農文協	1990
モモの作業便利帳	阿部薫	濃文協	2001
ブドウの作業便利帳	高橋国昭	農文協	1990
ブドウの根域制限栽培	今井俊治	創森社	2009
ナシをつくりこなす	田村文男	農文協	2010
図解 土壌の基礎知識	前田正男	農文協	1974
バラ 魅力と作り方	ガーデンライフ編	誠文堂新光社	1977

＊下記ページ掲載の写真は「福岡県園芸・茶病害虫図鑑」より転載させていていただきました。
P63　ゴマダラカミキリ虫　P65 黒とう病　P66 モモのせん孔細菌病
P69　ナシ黒星病　P74 ブドウ灰星病　P74モモのうどんこ病

とっておき
果樹園のいやし&くつろぎ空間

そこにいるだけで、
見るだけでいやされる

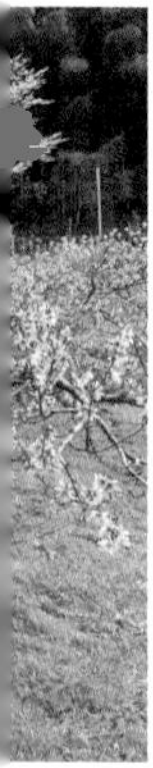

人の足音を聞きながら
深い眠りから目覚めた
果樹達は芽吹き

つぼみをつけ
花を咲かせ
やがて実をつける

①マスッカトベリーA　②園内にジャーマンアイリスを植え付ける　③藤稔　④富有柿　⑤つるバラ ナエマ
⑥スタンダードバラ　プレイボーイ　⑦清水白桃　⑧キンカン　⑨温州ミカン　⑩キウイフルーツ雌花
⑪日川白鳳　⑫つがる　⑬百枝月　⑭瀬戸ジャイアンツ　⑮藤稔　⑯日川白鳳　⑰フジ　⑱温州ミカン

くつろぎの
農園空間をつくることで
多くの人達が集う

そして遊びも

くつろぎの場所をつくるには
果樹だけでなく
石などの自然の材料が
欠かせない

そして花も

自然と遊び　自然に学ぶ

年間を通して多様な知識と技術を学べる農園は健康作りの場であり遊び場であり、人との出会いの場であり、そして学びの場でもある。心から果樹栽培に出会えて嬉しい。

初雪とリンゴとヒヨドリ

2月初旬この冬初めて雪が降った。リンゴの樹の下が落葉で敷き詰められるこの季節になると、昨日まで残っていたリンゴ紅玉の実も、すっかりヒヨドリとメジロが食べ尽くしてしまった。先ず真っ先にやってくるのはピーピーと大声を出して飛んでくるヒヨドリである。ヒヨドリは赤く色づいたリンゴを突つき、大きな傷口をつけて飛び去る。サザンカの花で遊んでいたメジロはちょんちょんとリンゴへと移ってくる。そしてリンゴの実をご馳走に飛び去る。この雪で鳥たちも残っていたリンゴを食べ尽くしてしまう。数日後木枯らしが吹き枝先で揺れていた葉っぱもほぼ落ちてしまった。これから昨年実をつけた枝をきれいに散髪する。リンゴが実をつけるのは枝先なので丸刈りでなくレザーカットが良い。たとえ緑の葉が無くとも、レザーカットできれい

な枝振りになる。冬の庭は楽しい。

リンゴはデリケートな樹である。樹の下に落ちている剪定枝も落葉も、傘塀《かさへい》沿いのアジサイの中に紛れ込んでいる落葉も、一枚一枚拾う。そして隣のモモの樹の下に運ぶ。今までの落葉のジュータンは真っ黒（リンゴの周りを真っ黒のホカホカした土に仕上げるのが大切）のカーペットへと変わる。

リンゴにとってこの時期は肥料を施す時期でもある。先ず、熔成燐肥、かき殻骨粉、油粕、有機化成、その後に乾燥牛糞を播き終えた後、唐鍬で深く耕す。

12月、1月そして3回目の石灰硫黄合剤の散布を終える。5月に摘果を行い。袋をかけたら、ほぼ無農薬栽培に近い王林と紅玉そして、つがるとフジは間違いなく秋に沢山の実をつけてくれる。40年にわたりリンゴはずっと楽しませてくれている。リンゴは何と真面目でかわいい果物であろう。

冬の庭は実に楽しい。

優しい影

横に伸びた3本の枝に、やがて不規則に丸みを帯びた影が窓辺の障子に映し出される。

我が家の西側には、今流行りの「みどりのカーテン」の代わりにブドウ「マスカットベリーA」を育てている。このブドウは農園で育てている樹を数年前に剪定した折、枝を持ち帰り挿し木で育てたブドウである。生命力の強いブドウは3年もすれば障子の窓辺（横幅3・6m高さ1・4m）を覆い隠すほど成長する。夕暮れ時には西日が射すと、障子にブドウの影がまるで「幻灯機」で投影したようにクッキリと映し出される。

上映の見ごろはブドウの芽が伸び切る前の5月中旬。ブドウは葉もつるも実も魅力一杯の果樹だけに、年中障子での上映を見たいところであるが、成長が旺盛なつる植物だけに、あっという間に窓を覆ってしまう。そして、障子には個性豊かなつるのプ

ロポーションは映し出されなくなる。

そうなのだ。この時期になったら窓辺をシッカリ覆ってあの暑い夏の太陽の日差しをさえぎることこそ、ブドウの役目である。

このブドウの素晴らしさは、僅か30㎝四方の隙間(西側の0・8m通路にはインターロッキング舗装)に植えつけているが舗装の下に根を張り、地上部のつるは障子戸の居間から食堂、台所へと伸び、夏場は「みどりのカーテン」の役割を果たしてくれることだ。そして彼岸花が咲く頃になると勝ち誇ったように窓辺を覆っていたブドウの葉も、徐々に少なくなり、木漏れ日が入り込んでくる。そして、再び、秋の上映が始まる。葉に夏の太陽の光のエネルギーを蓄えてできたブドウの実は、いつの間にか大きく育ち紫の房となり、自分は果樹ですと声を大にして主張する。梅雨の雨を嫌うブドウが大きく育つのは屋根の庇《ひさし》がブドウをシッカリ雨から守るからだ。

雀の親子

縁側のカーテンを開けると、高い電柱で休んでいた雀が一直線にぶどうの屋根へと飛んでくる。そして2羽3羽と縁側沿いのブルーベリーの小枝に留《と》まる。この用心深い行動は、猫やカラスなどの天敵を恐れてのことと思う。しばらくすると2羽の子連れの親子も飛んでくる。縁台の皿に一握りの米を入れると、数羽の親に混って2羽の小雀も、皿のまわりに飛んでくる。親と大きさは殆ど変わらないのに、小雀は羽を小刻みに震わせ、親鳥に餌をおねだりし、嘴を差し出す。親鳥も器用に数個の米を口に含み、小雀に口移しに米粒を渡す。この愛らしい仕草は見てても飽きない。

初夏になると小雀のほのかに黄色を帯びていた嘴も、頑丈な嘴へと成長する。このころになると農園も、果物の摘果や袋かけで忙しい。のんびりと縁側で朝食をとる暇

もなくなる。餌も豊富になるこの時期から、雀の親子もどこか遠くで暮らすようになる。そして、成長した親子には、リンゴが色づく秋に再会することになる。

異常気象と向き合いながら

ハウス（幅7ｍ奥行45ｍ）のビニールが2年で破損した。3回目の張り替えを行うか大分悩んだ。先ず考えたことは、雪《ゆき》下《おろ》しが大変だ。台風の時ハウスの風対策が大変だ。1年を通しての潅水が大変だ。

経費をかけても2年で破損する。ビニールの張り替えを止める理屈が色々と浮かぶ。そして遂に、雨除け栽培から露地栽培に切り替えることにした。

雨を嫌う果樹栽培での結果は明白である。梅雨の長雨、日照不足の悪条件が重なり、花は咲いても殆どうどん粉病に侵され、種無しで皮ごと食べられる瀬戸ジャイアンツは実を付けることは無かった。

20年7月「日川白鳳」

従来から、農園の果樹は無農薬に近い栽培をしている。デリケートな瀬戸ジャイアンツだけに、天候が不順な年は枝の繁茂を抑え、風通しを良くし、陽当たりを良くするなど、栽培過程において工夫が必要となる。

不作の原因は天候以外にも、昨年秋以降の作業で①ハウス内の落葉を完璧に処理したのか②巻きひげは棚の柱や鋼線に残ってなかったか③幹の古い皮は完璧に除去していたのか④厳寒期に3回噴霧する石灰硫黄合剤は幹にくまなく散布できていたのか。なども原因の一つと思われる。

秋から来年初夏までの栽培において、これら4点に注意を払うことにより、病原菌の感染源を断つことになる。

ブドウ以外でも、高温多雨の異常気象により、早生種のモモ日川白鳳以外は収穫直前に落下し、殆ど収穫できなかった。

冬季にはモモ周辺の暗渠排水の目詰まりを改善し、排水の悪い場所では新たに素掘

20年9月ブドウ「マスカットベリーA」

20年9月リンゴ「ふじ」

りで排水溝を作り、園内の排水をよりスムーズにした。気候異変の年であっても、リンゴの「つがる」「ふじ」、ナシの「百枝《ももえ》月《づき》」、柿の「太秋《たいしゅう》」「富有《ふゆう》」、そして柑橘類は平年作でありホッとしている。

暖冬、梅雨期の長雨、夏の異常高温、と果樹栽培には逆風が吹いているが、新たに果樹栽培に挑戦するとなれば、次のようなことに配慮したい。

①その地方に合った果物を植える（落葉樹は冷涼な地域、常緑樹は暖かい地方が基本）。

②品種選びでは新品種に飛びつかず古典的（リンゴであれば、フジ、紅玉など）品種を選ぶ。モモの場合梅雨前に収穫できる日川白鳳のような早生種、ブドウであればマスカットベリーAのような強健な品種選びからスタートすると良い結果が出る。

2020年の異常気象の年であっても品種によっては平年作となる。

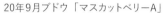

あとがき

中村勝三郎

果物作りを通じて多くの方に充実した日々が送られることを願って書き記した本書を書くに当たり、大きく背中を押し、出版社まで紹介していただいた瀬野農園の地主でもある山下洵子さんに深く感謝し、ご多忙にもかかわらず挿し絵を快く引き受けてくださったイラストレーターのいとうよしたかさんにも深く感謝いたします。

農園の栽培に当たっては、お手伝いくださいました松井さん・脇山さん・佐々木さん・畠迫さん・福島さん・横路さん・伊東さんファミリーとそのお友達、また「あさみやフーズ」の井上会長や関係者の方々にも深く感謝いたします。加えて敏子、和子、康子、学司ファミリー、紀章ファミリーには、年間を通してさぞ迷惑をかけたかと思い感謝と共に反省いたします。

出版に当たっては「ぞうさん出版」の植田紘栄志社長の温かいご配慮と、「じゃこめてい出版」の石川眞貴社長のご教示と励ましとによって世に出たことを、心から厚くお礼を申し上げたい。

喜寿を過ぎた今日多くの方々との出会いがあるのも、自然の中で力強く生き抜く果物の生命力に教えられることによるものと心より思います。

みんなで
楽しく
がんばりました!!

ナシの花

瀬野農園の仲間達

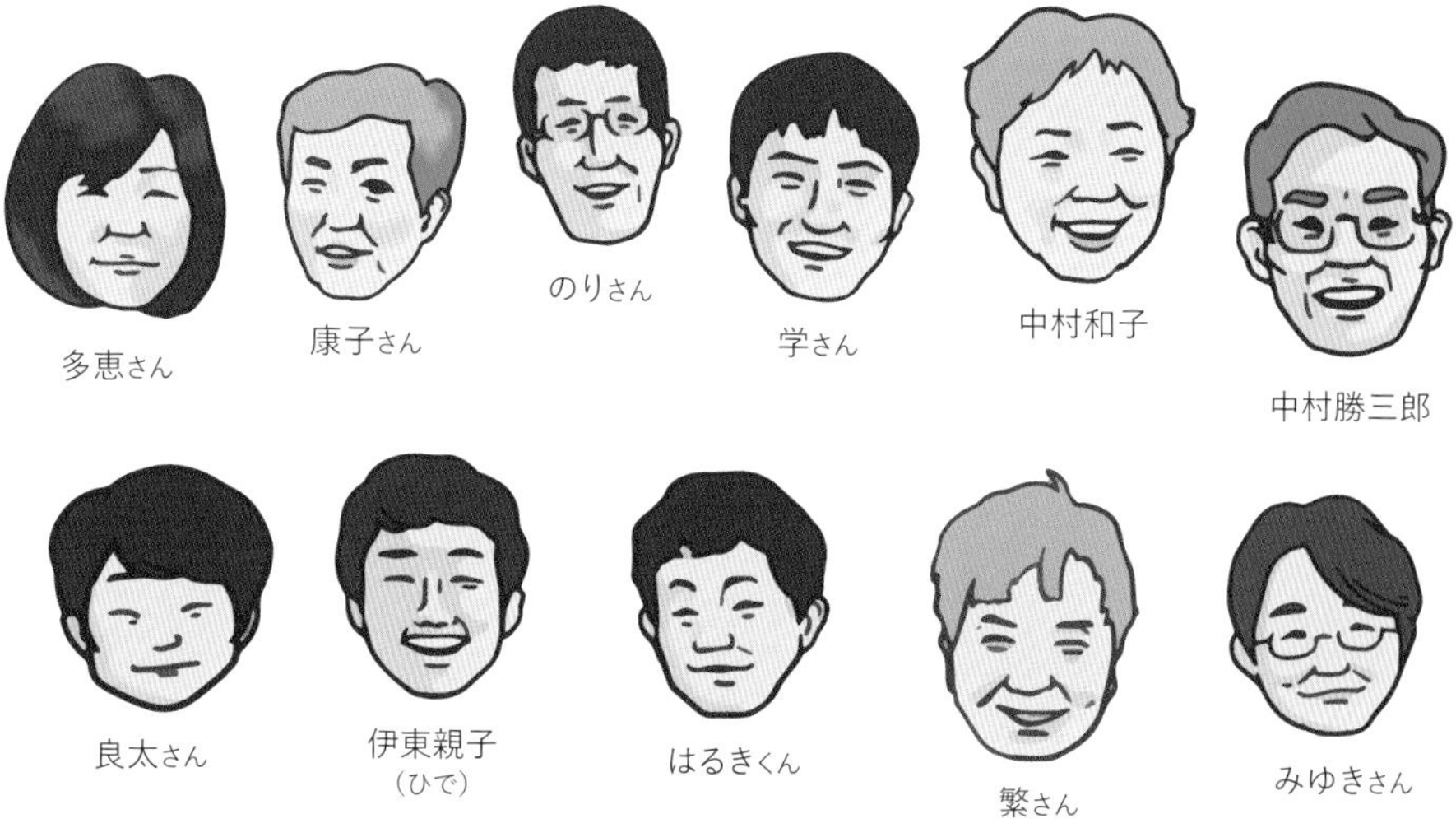

〔著者履歴〕

中村 勝三郎（なかむら かつさぶろう）

1943年 福岡県八女郡上陽町に生まれる
67年 明治大学農学部卒業
（東大名誉教授丹羽鼎三に造園学を学ぶ）
67年 広島市（86～88住宅・都市整備公団中国公園事務所へ派遣）
2004年 広島市定年退職
04～07年 （株）関西緑建、（株）サンヨー観光開発、アイリスcc顧問
07～12年 IWAD環境福祉専門学校
（学校法人ひらた学園国際医療専門学校）専任講師
2012年 瀬野農園 現在に至る

勝三郎の果樹園日記
遊び 学び 育てる

2021年9月1日 初版第1刷

著者 中村勝三郎
発行者 植田紘栄志
発行所 株式会社ミチコーポレーション
ぞうさん出版事業部
〒731-2431
広島県山県郡北広島町荒神原201
電話 0826-35-1324
FAX 0826-35-1325
https://zousanbooks.com

編集・校正／株式会社じゃこめてい出版
装丁・本文デザイン／Kre Labo
イラスト／いとうよしたか 中村風花
印刷・製本／株式会社シナノパブリッシングプレス

ISBN 978-4-9903150-6-1 Cコード0076

果樹マップ

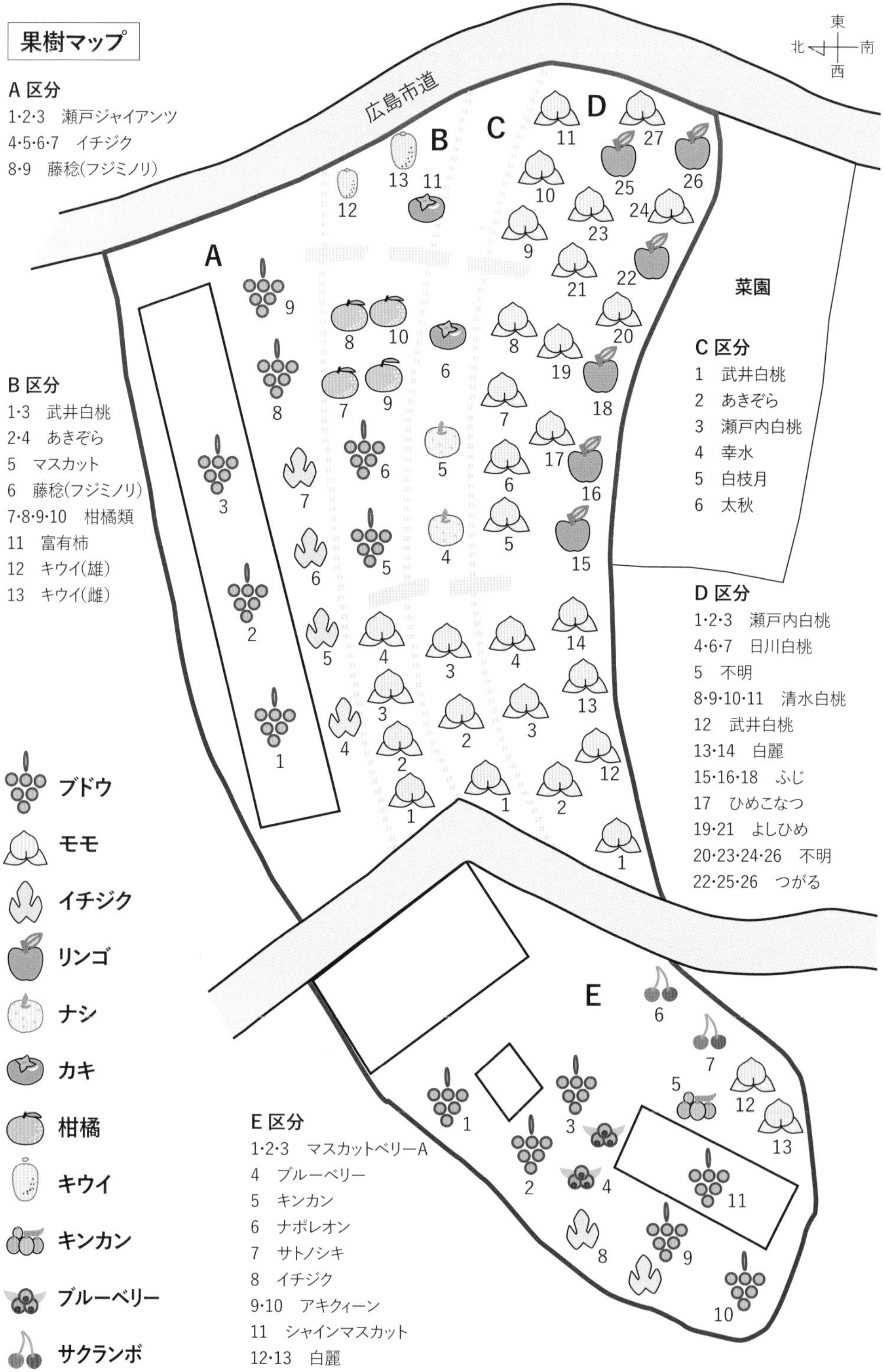

A 区分
1・2・3　瀬戸ジャイアンツ
4・5・6・7　イチジク
8・9　藤稔(フジミノリ)

B 区分
1・3　武井白桃
2・4　あきぞら
5　マスカット
6　藤稔(フジミノリ)
7・8・9・10　柑橘類
11　富有柿
12　キウイ(雄)
13　キウイ(雌)

C 区分
1　武井白桃
2　あきぞら
3　瀬戸内白桃
4　幸水
5　白枝月
6　太秋

D 区分
1・2・3　瀬戸内白桃
4・6・7　日川白桃
5　不明
8・9・10・11　清水白桃
12　武井白桃
13・14　白麗
15・16・18　ふじ
17　ひめこなつ
19・21　よしひめ
20・23・24・26　不明
22・25・26　つがる

E 区分
1・2・3　マスカットベリーA
4　ブルーベリー
5　キンカン
6　ナポレオン
7　サトノシキ
8　イチジク
9・10　アキクィーン
11　シャインマスカット
12・13　白麗